「今」こそ見るべき海外ドラマ

池田敏

星海社

89

SEIKAISHA SHINSHO

はじめに

海外ドラマを見始めて37年以上になります。海外ドラマに夢中になったのは１９７９年の春、家にソニーのベータマックスのビデオデッキが置かれてからです。当時読んでいた映画雑誌の影響もあり、ＴＶで深夜に放送される海外ドラマや映画を、ビデオデッキで録画予約するという遊びを覚えました。まだビデオテープが高価だったので、再生してはすぐにまた別の番組を重ね録りする、その繰り返しでした。

当時、海外ドラマを見るのはとても大変でした。ほとんどの海外ドラマは、学校に行っているあいだの昼間か、深夜にしか放送されていなかったからです。また、映画雑誌で「アメリカではこんなすごいドラマが放送されている！」という記事を読んでも、実際に日本上陸するまでには何年もかかり、結局は上陸しなかったタイトルのほうが多かったかもしれません。

好きが高じて大学在学中から雑誌で海外ドラマや映画の記事を書くフリーライターにな

り、そのまま現在までずっと海外ドラマを追い続けています。だからこそ、自信を持って言えます。

海外ドラマはまちがいなく、今が一番面白い。
だから、今こそ海外ドラマを見るべきである、と。

この本を読んでいる人も、これまで何かしら海外ドラマを見た経験はあるでしょう。
ですが、はまっているファンではない人の中には、海外ドラマに対して次のような印象を持っている人もいるのではないでしょうか。

・話数が多そうで、見るのに時間がかかる
・シーズンの終わりで物語が完結せず、カタルシスがない
・知らない俳優ばかり出演している
・作品がたくさんあり過ぎて、どれから見たらいいのか分からない

こう感じるのはよく理解できます。そう誤解されている部分を解きほぐすことで、より

多くのみなさんにもっと気軽に海外ドラマを楽しんでいただこうというのがこの本です。

2010年代に入って以来、海外ドラマを取り巻く環境は、まさに激変しています。中でも、インターネットの「動画配信サービス」は注目の的です。特筆すべきポイントは、デバイスさえあればどこででも手軽に見られることに加え、最新作について世界中のドラマ愛好者たちとリアルタイムで熱狂できることにあります。

ドラマという娯楽にとって最高の時代がようやく訪れたのです。だからこそ私はこの本で、映画を見たり、小説やコミックを読むのと変わらない感覚で、海外ドラマは気楽に楽しめるものだとお伝えしたい。最先端の海外ドラマは、日常にはない刺激を味わえ、見た人の人生を豊かにする最高のエンターテインメントであり、愛すべき「時間泥棒」なのだ、と。

面白い海外ドラマはすぐに見つかる

世界的にも近年は、映像エンターテインメントとしてのドラマというフォーマットは、従来の定説を覆しながら、大きく注目を集めています。

かつてアメリカでは、TVドラマは映画より製作費が少なく、収録にかけられる口数も少ないため、そこで働く人材は二流以下とされていました。ですが、現在のドラマ界は、ハリウッドだけでなく世界中のクリエイターたちがしのぎを削る戦場となっています。

たとえば、2015年末に全世界で公開されて記録的に大ヒットした映画『スター・ウォーズ／フォースの覚醒』を監督したJ・J・エイブラムス。彼は『エイリアス』（01～06）、『LOST』（04～10）などのヒットドラマのクリエイターとして注目を集め、その才能をトム・クルーズに認められ、『M：i：Ⅲ』（06）で映画監督デビュー。それからエイブラムスはTV界と映画界の両方で活躍を続け、映画王国ハリウッドの頂点に立ってみせました。

ほかにも、マーベル・コミックス原作の大ヒット映画『アベンジャーズ』（12）を監督したジョス・ウェドンなど、かつてドラマ界で活躍した逸材が、次々と製作費2億ドル（208億円）を超える超大作映画の監督に抜擢されています。J・J・エイブラムスの跡を継いで『スター・ウォーズ』第8作（2017年末完成予定）を監督するライアン・ジョンソンもまた、全米で絶賛されたドラマ『ブレイキング・バッド』（08～13）で数話を監督していました。

そんな未来のハリウッドを牽引（けんいん）する若き才能たちによって、アメリカでは日々、最先端のドラマが生み出されています。

話を「動画配信サービス」に戻すと、過去の名作や少し前にヒットしたドラマを浴びるように見られるようになったことも大きな利点です。海外ドラマ好きには夢のような時代がやって来たのに、私でさえすべての新作を追うのが難しいほどです。

ですからこの本では、海外ドラマ初心者であっても自分に合った新作をなるべく早く見つけられるよう、「海外ドラマ・マッチング表」も掲載しました。

海外ドラマを見たことがない人はもちろん、海外ドラマファンも楽しめるよう心がけました。これまでの海外ドラマを紹介する書籍・ムックでは拾いきれなかった、海外ドラマが定着するに至る歴史的背景についても掘り下げました。

歴史やキーワードの紹介をちりばめながら、具体的な作品や意外なトリビアもたくさん取り上げましたので、自分が気に入りそうな海外ドラマを一本でも多く見つけるためのコツ、そのヒントをこれから一緒に探っていきましょう。

もう扉は開かれています。ようこそ、海外ドラマの世界へ。

目次

第3章 アメリカのＴＶドラマの歴史 79

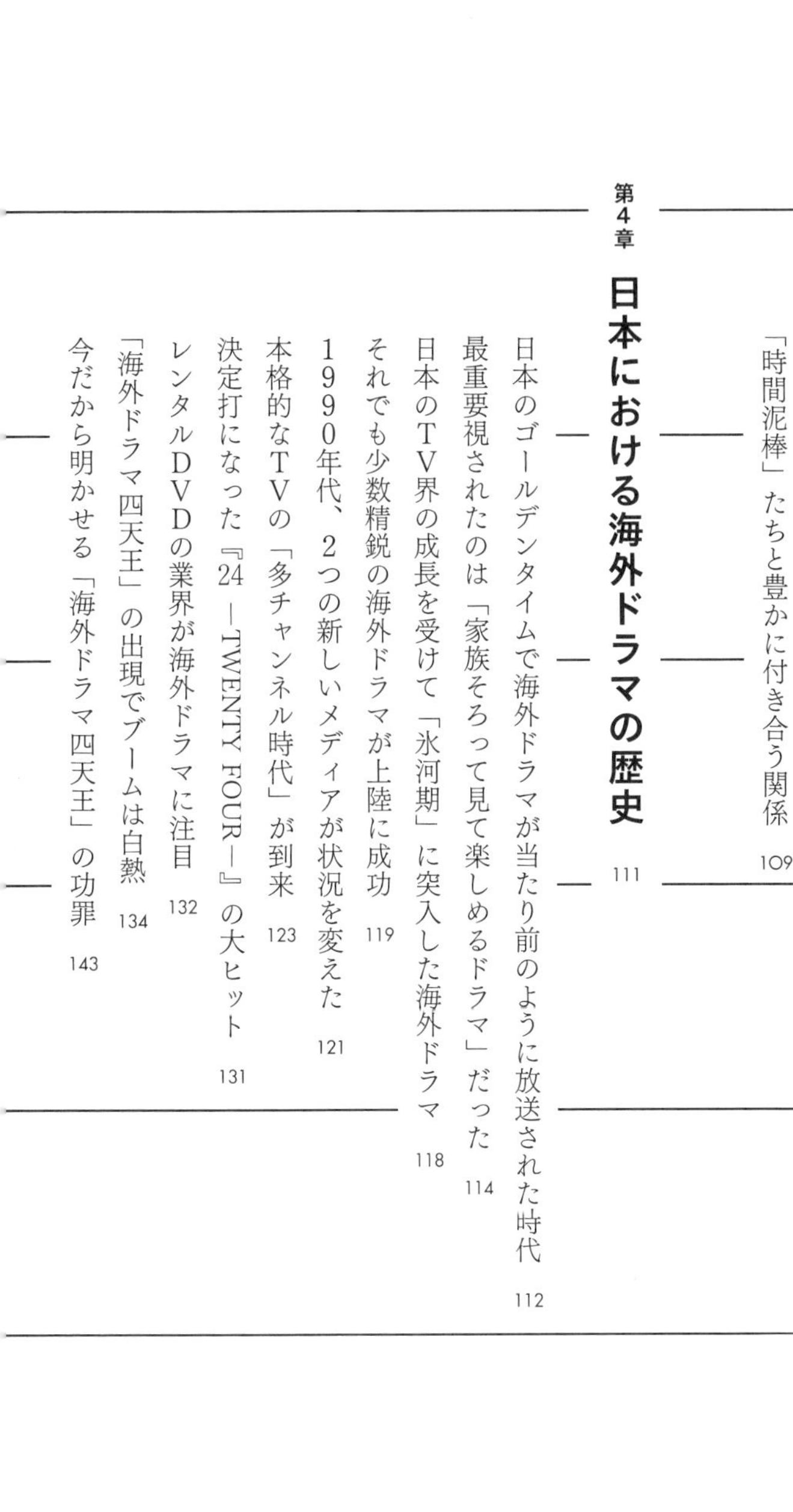

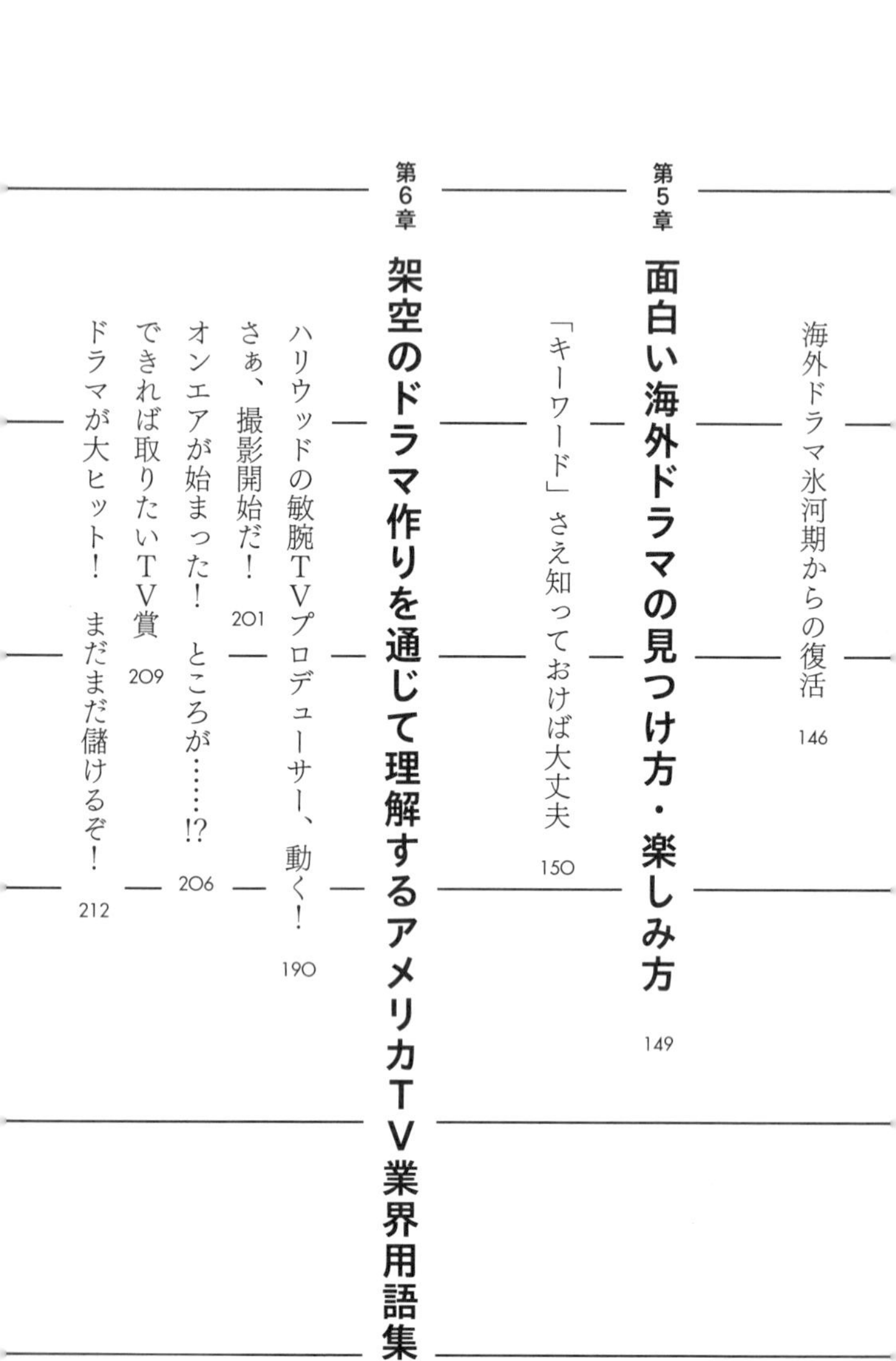

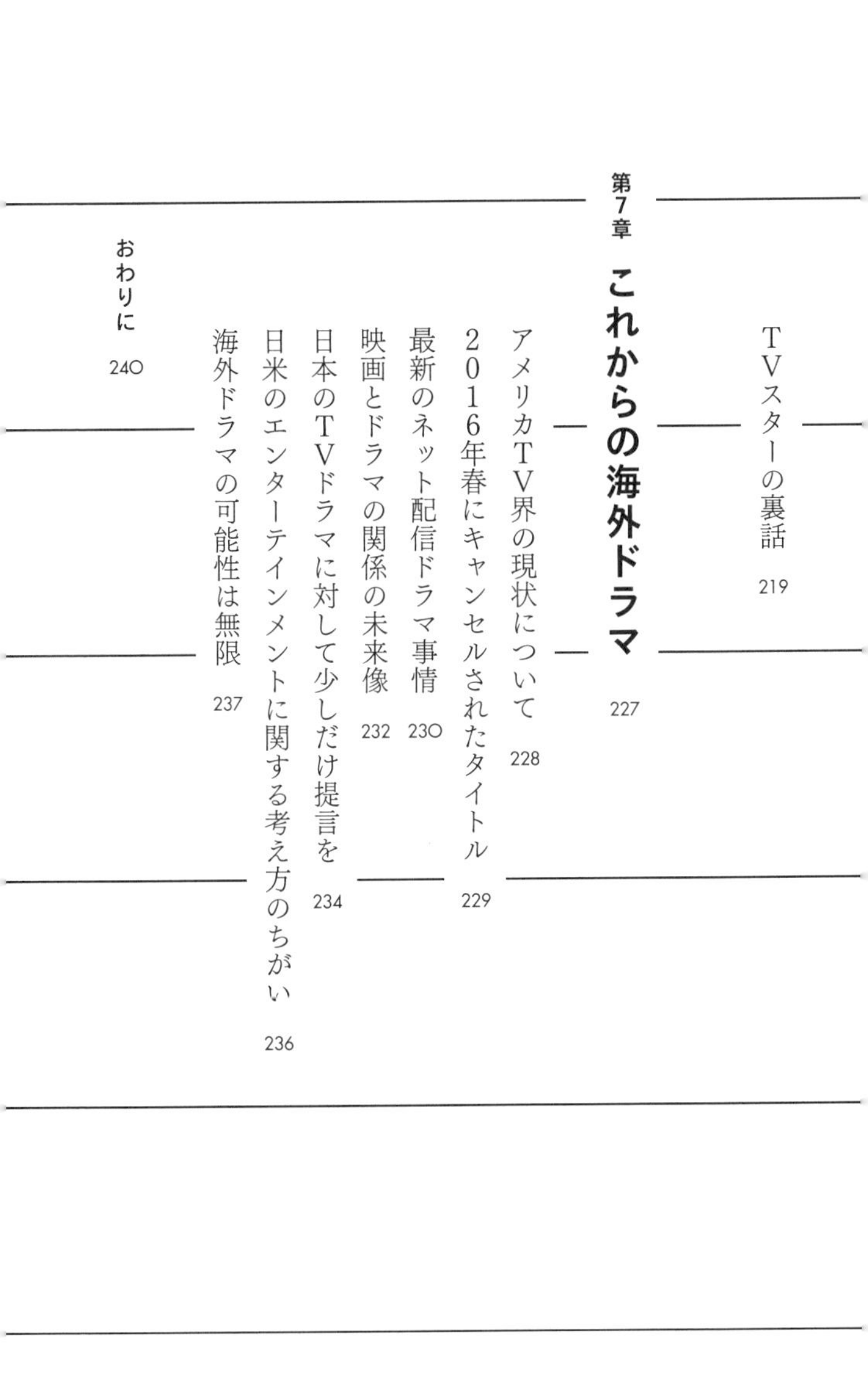

第1章 史上最も海外ドラマが面白いのは現在だ！

今、ネット発のオリジナル・ドラマが熱い

TVの歴史が始まった1940年代は、映画の黄金時代と重なった。だからか、映画とTVの間には自然と垣根が生まれ、映画業界の一線から新進の零細産業であるTVに移る人材は少なかった。

昔、映画スターが自分の名前を冠した番組（コメディが多かった）に出演しても、映画人がTVに出演することは映画界での成功をあきらめてTV界に降りてきたイメージだ。スタッフについても、B級娯楽映画の職人監督がTVのアクション・ドラマに活躍の場を求める位で、TVは映画人が本気を出す場ではなかった。一部例外として、アルフレッド・ヒッチコック監督の『ヒッチコック劇場』(55〜65)、デヴィッド・リンチ監督の『ツイン・ピークス』(90〜91)があったが、ヒッチコックやリンチがみずから監督したエピソードはわずかで、全力を注いだとは言いがたかった。

しかし、21世紀に入ってドラマ業界では、映画人のドラマ進出が注目を集めている。

筆頭は『セブン』(95)、『ソーシャル・ネットワーク』(10)などで知られる映画界のヒットメーカー、デヴィッド・フィンチャー監督だ。彼は『セブン』でも組んだ、アカデミー賞に二度輝く実力派男優ケヴィン・スペイシーを主演に迎え、彼と『ハウス・オブ・カード

野望の階段』（13〜）を製作総指揮し、第1・2話をみずから監督。共演女優のロビン・ライトや映画スターのジョディ・フォスターが監督をすることもある豪華さ。架空のアメリカ大統領を描く政界ドラマだが本物のバラク・オバマ大統領までがファンであると公言し、社会現象を生んでいる。

このドラマが重要なもうひとつの理由は、「動画配信サービス」（後述する）のネットフリックス（Netflix）で世界初公開されたことにある。このドラマはネット配信のオリジナル・ドラマとして史上初めて、「TV界のアカデミー賞」とされるエミー賞とゴールデン・グローブ賞をW受賞することに成功した。

現在のアメリカのドラマ業界にはフィンチャー以外も、映画界で実力を認められた一流の才能が集まりつつある。『トラフィック』（00）で第73回アカデミー賞の監督賞を受賞したスティーヴン・ソダーバーグに至っては、「もう映画は撮らず、ドラマしか作らない」と宣言し、『The Knick（原題）』（14〜15、日本ではHuluが配信予定）の全20話を監督した。主演はやはり映画界で活躍してきた人気男優、クライ

『ハウス・オブ・カード 野望の階段』

ヴ・オーウェン。さらにソダーバーグは、自分が監督した映画『ガールフレンド・エクスペリエンス』(09)のドラマ版(16)も製作総指揮している。

アメリカではどの動画配信サービスも、さらなる会員獲得のための目玉商品にすべく、他の動画配信サービスでは見られないオリジナル作品作りに躍起になっている。

映画界で名匠とされるウディ・アレン監督も人生初のドラマ製作に挑んでいる(各話30分を予定)。アメリカのAmazonプライム・ビデオで2016年中に配信される予定だ。アレンの初ドラマ(無名時代に何度か脚本を書いたが)の企画に対し、TVの各チャンネルやネットフリックス、Amazonが手を挙げて争奪戦が展開したが、アレンはAmazon系列の製作会社の代表ロイ・プライスを信じたといい、Amazonは自社の『トランスペアレント』(14〜)がゴールデン・グローブ賞を受賞した直後にアレンのプロジェクトを発表し、映像業界をあっと言わせた。

やって来た「動画配信サービス」の時代

「動画配信サービス」(subscription video on demandを略してSVODともいう)とは、従来の電波を使うTV放送と異なり、インターネットで動画を有料配信するサービスで、アメリカでは201

0年代に入ってから、ネットフリックス、Hulu、Amazonプライム・ビデオを中心に台頭している。

そもそもインターネットの出現以来、TV放送やビデオ・DVD以外でも、数多くの動画がネットで楽しめるようになったのはご存じの通りだ。

デバイスも、PCやスマートフォン（スマホ）、タブレットの普及の影響で、お茶の間という言葉は死語になりつつある。特に若い世代は自室や自宅の外で、PC、スマホ、タブレットを使って自分が見たい動画を楽しんでいる。

従来のTV、中でも液晶TVでインターネットを見られるケースも増えている。また、Amazonの「Fire TV Stick」を液晶TVのHDMI端子に差し込み、動画配信サービスを見ている人も多いだろう（ちなみに筆者もそうだ）。

動画配信サービスの利点は、ユーザーを時間や場所などの制約から解放し、ドラマをぐっと気楽に楽しめるようにしたことだ。レコーダーでTV放送をエアチェックするのもいいが、スマホやタブレットを使って、いつでもどこでもドラマを楽しめるようになった。日本においてはまだまだ充実させられる余地があるとはいえ、新旧の多彩なドラマが動画配信サービスで見られる。

また、ＴＶ放送には無い動画配信サービスのメリットとして、ＣＭが無いので地上波ＴＶのようにＣＭスポンサーの意向を気にしなくていいことがある。そのため、従来なら過激とされた作風や表現も可能になった（子供に見せたくない作品をどう見せないようにするかは各家庭の工夫次第だが）。これまでに無かった斬新なドラマの出現は、作品の送り手と受け手の両方を惹きつけるポイントにもなっている。

中でも世界進出が進んでいる動画配信サービスは、アメリカのネットフリックスである。２０１６年４月の時点で、本国では４６００万契約を達成し、２０１６年１月からは中国など一部を除くほぼ全世界でサービスを展開。同年４月の時点で、全世界合計で８１００万契約に到達している。

総売り上げに驚かされる。日本におけるスタンダードプラン（消費税抜きで９５０円）を基準に考えると９５０円×８１００万契約×12カ月で、通年で９２３４億円になると推測される。

この数字は、日本のＮＨＫが日本全国の世帯から集めている受信料を含んだ近年の事業収入、約７５００億円の約１・２倍にあたる。世界のどこかでＮＨＫと肩を並べる巨大な映像産業が、たった十年弱で生まれたようなものである。

ハリウッドで生まれた「格差」

放送業界や映像ソフト業界に続き、動画配信サービス業界でドラマ人気が高まっていることの遠因には、アメリカの映画業界における構造的変化もある。

21世紀に入ってハリウッドでは、成功する作品とそうではない作品の収益の差が広がっている。ベストセラーを映画化した『ハリー・ポッター』シリーズ（01〜11）、人気ファンタジー小説『指輪物語』を映画化した『ロード・オブ・ザ・リング』三部作（後に前日談の『ホビットの冒険』を映画化した『ホビット』三部作も生まれた）、マーベル・コミックスの人気ヒーローを映画にした『スパイダーマン』三部作（02〜07）、日本生まれの人気玩具を映画にした『トランスフォーマー』シリーズ（07〜）など、原作も有名な大スケールのシリーズものの映画のほうが手堅く稼げると考えられ、しかもこうしたタイプの作品は玩具化などの二次使用でも大金を生みだすことが可能だと考えられている。

以前からハリウッドでは、シリーズものの映画が優遇されてきたとはいえ、一作目の段階でシリーズ化が決まっていて、続編やスピンオフ映画の公開日が数年先まで計画されるという、昔に比べると極端と呼んでいいほどの商業化が進んだのだ。娯楽性が高くて大きく稼げる映画の厚遇と、芸術性を重視した映画の冷遇という二層構造は、「格差」と呼んでもかまわないだろう。

ほかにも、急激な経済成長が続く中国の映画市場の影響も大きい。中根研一氏の『映画は中国を目指す』（洋泉社）によれば、1997年に『ロスト・ワールド／ジュラシック・パーク』が中国の年間興行成績の記録を塗り替え、翌年に公開された『タイタニック』（97）が社会現象を起こすほどの記録的ヒットをマークした頃から、ハリウッド映画は中国でコンスタントに大ヒットするようになったという。中国の外国映画の年間輸入枠も増え、ハリウッドは中国を大切な輸出先にし始める。中国で歓迎される外国映画は先に挙げたような、アクションを満載した、SFやファンタジーといった娯楽大作だ。

また、映画界では3D映画も流行するようになった。世界の国々の中には映画を海賊版のDVDやビデオCD（VCD）、また、インターネット上の違法映像など、けっして歓迎されない方法で楽しむ人々がいるのは残念だが、映画館で見ないと魅力を味わえない3D映画の流行が、多くの観客に映画館へ足を運ばせたのも事実だ。

するとどうなるか。ハリウッドで作られる映画は、中国でのヒットも望める、3D映えする娯楽大作と、国内外におけるミニシアターでの需要を見込んだ、小ぶりの映画に二分していってしまう。

中クラスの映画も少しは残っているが、監督や主演スターの知名度が高い作品か、中国以外の映画市場だけでも製作費の回収が望めそうなヒット作の続編やリブート映画など、やはりロー・リスクと言わざるをえない企画ばかりだ。

ハリウッドの中国に対する戦略の影響は、日本の映像ソフト業界にも影響を与えている。日本で当たりそうにない洋画のＤＶＤを売るよりも、全米放送で人気を博した（または博しそうな）最新ドラマを売ろうと考えられるようになったのだ。海外ドラマはソフトだと１シーズンあたり６～12巻になるケースが多い。つまり１本の海外ドラマを当てることは、洋画のソフトを６～12本売るのと同じ価値がある。その海外ドラマが何シーズンもヒットすれば、さらに収益は大きくなる。

かつては巻数の多さゆえに商品棚を占領してしまうため、レンタル店でやっかいものとされていた海外ドラマだが、当たれば映画以上に安定した収益を生み出すという、大きな期待をかけられるようになったのだ。

ドラマなのに中規模クラスの映画に匹敵する製作費を使えるようになった事情

このように映画に匹敵する役割を期待されるようになったドラマだが、アメリカのドラマが大規模化するようになったのは、「動画配信サービス」台頭の前、多チャンネル先進国アメリカにおけるケーブルTVの進化を助走とした。

筆者は2015年秋、アメリカで活躍する日本人俳優マシ・オカ氏にインタビューしたが、「現在のアメリカのドラマは一話あたり500万ドルから700万ドルの製作費を使っていると聞いている」と明かしてくれた。

彼が出演しているドラマは大作が多いので、この数字はやや高いのではないかと耳を疑ったが、アメリカのエンターテインメント業界誌「ヴァラエティ」の2013年の記事に「ネットフリックスは最低でも一話あたり380万ドル」とあるのを見つけ、マシ・オカ氏が語った数字はありうると考え直した。

ちなみに2000年代には世界的ヒット作『CSI：科学捜査班』が一話あたり250万ドルで、地上波で最も製作費が高いドラマとされていた。先述した数字が正しいとしたら、単純に約十年間で倍増したことになる。

仮に、アメリカのケーブルTVのベーシック系チャンネルで、映画界のヒットメーカーを製作総指揮に迎え、映画スターが主演する、同チャンネルにとって目玉になる全10話の大作ドラマを製作するとしよう。

放送権、動画配信権、ソフト化権が世界中に売れると見込んで、一話あたりの製作費は500万ドル（2016年夏の為替レートで約5・25億円）としよう。するとシーズン1全10話の合計製作費は5000万ドル（約52・5億円）となる。

主演スターは、映画界では準主演クラスだが世界的に知名度が高い男優Aとする。Aが大作映画1本で受け取る出演料が200万ドルだったとしたら、彼はそのドラマで1話あたり20万ドルの出演料で出演することを、恐らくは快諾する。

なぜか。Aが6カ月をかけて作る映画1本に出演したとする。実際に撮影に参加するのべ日数は数十日間かもしれないが、彼は6カ月間、他の作品には参加できない可能性が高い。

ならば6カ月間、すべての平日に拘束されたとしても（ちなみにアメリカの映像業界では原則的に土日の撮影や収録はない）、合計の出演料は20万ドル×10話＝200万ドルになるので、6カ月間で200万ドルを稼ぐことに変わりはない。さらに、そのドラマが世界中にセールスされたら、作家の印税のように「二次使用料」を受け取れる。

アメリカの映像業界で働くプロの俳優たちが所属する組合、SAG－AFTRAは、ある作品で貢献度が高かった組合員が二次使用料を受け取れるよう、ルールを設けている。さらにAがプロデューサーの一人としてもクレジットされていたら彼の分け前はさらに増え、同じ時期に映画1本に出演するよりずっと稼げるかもしれない。

先に挙げたシーズン1全体の製作費5000万ドルからAに200万ドルを払ったとしても、巨額の資金が残る。収録用のセットを大作映画に匹敵する高いクオリティで作ることも可能だ。一度作ったセットはスタジオ・レンタル料がかかっても、スタジオに建てたままにすることで何度も使えるなら結局は得だ。さらに、そのドラマが何年も続いてセット、小道具、衣装などを使い回せば製作費はさらに浮く。浮いたお金でクオリティ向上のための投資もできる。

スタッフに支払われるべき報酬も、各パートのスタッフが所属する各組合がきちんと決めているから、彼らが映画1本のために6カ月間働くのも、ドラマ10話のために6カ月間働くのも（実際は全10話のドラマだと準備期間もあって6カ月以上の期間がかかる可能性は高いが）、ほぼ同額の報酬が彼らにはもたらされる。

製作費のうち多くの割合がプロデューサー陣の取り分になったとしても（最近は映画もそ

うだがドラマでたくさんのプロデューサーの名前がクレジットされる傾向が顕著だ)、それでも高いクオリティを追求するドラマに、映画に匹敵する予算が追いついているのは確かだ。

中規模の映画に参加するのもドラマに参加するのも、映画界で桁ちがいのギャラを受け取るほんの一部のビッグネーム以外、映像業界のプロにとっては経済的に大きくは変わらない、そういう時代にもう突入しているのである。

エロ・グロ・不謹慎! 何でもありのTVドラマ

同時に映画人たちにとって重要だったのは、作り手としての表現の自由、作家性を保証されたことだった。

1997年、全米TV界ではあるシステムが導入された。「TVペアレンタル・ガイドラインズ」である。これは日本の「映倫」のような制度で、若い視聴者を刺激的な内容の番組から守ろうとする自主規制システムだ。

以前からアメリカでは、ドラマで描かれる暴力が論争の対象になることが多かった。

1970年代は刑事ドラマが多く、暴力描写に対する批判は常にあり、日本の『あぶない刑事』(86~87)の原点を思わせる『刑事スタスキー&ハッチ』(75~79)も暴力描写批判を受け、シーズン3からソフトなムードに変わった。

アクション・ドラマのブームが起きた1980年代、TVの暴力描写に対する批判は再燃する。『特攻野郎Aチーム』(83〜87)は社会悪にベトナム帰還兵たちが戦いを挑み、凄まじい数の弾丸が飛び交っても誰一人死なないという常軌を逸したドラマだったが、殴る・蹴る・銃を撃つといった暴力描写を正確にカウントしたら、とんでもない数だったという統計データが残されている。

最近もアメリカでは、ある殺人犯が「自分は『デクスター』(06〜13)に影響を受けて犯行に及んだ」と語った事例がある。

一方で同じ1980年代にケーブルTVが躍進。地上波と異なり、CMの売り上げだけに経済的基盤を置かないチャンネルが増えたことを背景にしつつ、90年代の「TVペアレンタル・ガイドラインズ」の導入によってドラマが持つ可能性がぐっと広がった。要は「××指定」を受ける代わりに、家族揃って見るのが困難な、過激な表現が可能になったのだ。ケーブルTVの各チャンネルが特に積極的で、視聴料が高額なHBOなどの「プレミアム系チャンネル」は中でも顕著だ。従来のTV界の放送コードでは表現が困難だった、バイオレンス、エロス、言葉使いが汚い台詞(せりふ)といった、過激な表現がドラマでも可能になったのだ。プレミアム系チャンネルのドラマにはCMが入らないので、より視聴者が番組に没頭できるようになったのもポイントだ。

『SEX AND THE CITY』（98〜04）の大人のおもちゃを持って笑う女性たち、『デクスター』の連続殺人鬼（シリアルキラー）である血痕鑑識官、『ブレイキング・バッド』（08〜13）の麻薬を作る高校教師、『ウォーキング・デッド』（10〜）の人間対ゾンビのホラー描写など、地上波を除く全米TV界、そして動画配信サービスの世界では、一挙に「何でもあり」の状態に近づいたのだ。

ハリウッド・スターもTV界へ

さて、全米地上波のドラマの場合、一年で22〜24話を作ることが多く（ずっと昔は30話以上作っていた時期も）、ドラマのレギュラー出演陣は一年で9カ月は拘束されていた。そうなると3カ月以上撮影するような映画に出演することは困難になり、逆にTVスターの映画界進出を困難にしていた。映画で成功するためには番組を降りる必要があり、それに挑んで散った（そしてTV界に戻ってきた）俳優は多い。

『24 -TWENTY FOUR-』（01〜14）のキーファー・サザーランドも、『チャーリー・シーンのハーパー★ボーイズ』(03〜11)のチャーリー・シーンも、恐らくは映画界で活躍できなくなると覚悟しつつ、ドラマの可能性を信じて出演を決意したのだろう。しかし、結果的に彼らの収入は、映画界にいた頃より激増した。特にシーンは、不祥事を連発して出演契約を打ち切られる直前、同番組で1話あたりなんと180万ドル、日本円にして約2億円弱を稼いでいた。『〜ハーパー★ボーイズ』のような30分枠用コメディは1話あたりの収録にかかる時間が、リハーサルから収録(一日)まで5日間。日給はなんと約4千万円弱だ。

先述した通り、3カ月から半年程度の拘束で済み、収入にもつながると、ドラマに関心を持つスターは急増している。

近年最大級の絶賛を浴びた、HBOの『TRUE DETECTIVE/二人の刑事』(14)。映画『ダラス・バイヤーズクラブ』(13)でアカデミー主演男優賞を受賞したマシュー・マコノヒーが同映画に続き、やせたまま出演して鬼気迫る熱演を見せ、共演の映画スター、ウディ・ハレルソンも実力を発揮した。そのシーズン2である『TRUE DETECTIVE/ロサンゼルス』(15)にも、コリン・ファレル、レイチェル・マクアダムス、ヴィンス・ヴォーンなど、映画に匹敵する豪華キャストが集まった。

アカデミー賞受賞組でいうと、ハリー・ベリーがSFドラマ『エクスタント』(14〜15)で真田広之（さなだひろゆき）と共演し、2017年に全米スターズ局が放送予定の『ザ・ワン・パーセント（原題）』は、映画『バードマン あるいは（無知がもたらす予期せぬ奇跡）』(14)、『レヴェナント：蘇えりし者』(15)のアレハンドロ・ゴンサレス・イニャリトゥ監督らが企画・製作総指揮をしている。

2016年も、J・J・エイブラムスが製作総指揮するドラマ『11／22／63』(16〜)にジェームズ・フランコとクリス・クーパーが共演し、ドラマ『オメルタ』に映画『クリード チャンプを継ぐ男』(15)が好評だったシルヴェスター・スタローンが主演する予定だ。名優から気鋭の監督まで。ここには書き切れないほど、才能豊かな映画人たちがドラマ界に参入している。

なぜ映画人たちがこぞってドラマに手を出すのか？

もう一度、なぜ映画界の才能がドラマ界に流入するようになったのかを考えたい。

TVドラマ製作に参入した映画監督

監督名	製作	作品名	特徴
マーティン・スコセッシ監督	HBO	『ボードウォーク・エンパイア 欲望の街』(10〜14)	スティーヴ・ブシェミ主演
サム・ライミ監督	Starz	『死霊のはらわた リターンズ』(15〜)	ブルース・キャンベル主演
リドリー・スコット監督	Amazon	『高い城の男』(15)	Amazonプライム・ビデオオリジナル作品
リリー＆ラナ・ウォシャウスキー監督	Netflix	『センス8』(15〜)	Netflixオリジナル作品
イーライ・ロス監督	Netflix	『ヘムロック・グローヴ』(13〜15)	Netflixオリジナル作品
スティーヴン・ソダーバーグ監督	Netflix	『ゴッドレス(原題)』(17)	Netflixオリジナル作品

先述した通り、世界の商業映画の中心はアメリカのハリウッドだが、そんなハリウッドにある大手映画会社（メジャー）の数々は現在、中国の市場を最も重視するようになった。

しかし、そんな中国で上映できる映画は限られている。政治的に問題がある作品はもちろんのこと、リアルなバイオレンスやセックスの要素がある大人向けの映画は上映できず、現実社会を連想させないファンタジー映画が高い興行成績を記録している。そんな現実が、多彩な作品を生み出すことをよしとしてきたハリウッドのあり方を変えつつある。

一方、中国という巨大なマーケットを相手にせずとも、作り手たちが、自分たちが真に描きたい、大人に向けたエンターテインメントを発表できる場が、現在のアメリカのＴＶ界および動画配信サービスにはあった。

メジャーも、映画のビジネスが水もので総売り上げを予測できないならと安定した収益を確保できる、動画配信サービスなどの「サブスクリプション・ビジネス」（加入者が払う会費の総計で売り上げのほとんどを得る）に期待をかけている。

特に現在は、原作がないオリジナル作品を手掛けたい作り手たちは、活動の場を移せるものなら映画界よりドラマ界に移したいと願っているはずだ。

今後もしばらくは、映画界の才能がドラマ界に流入する状況は変わることがないだろう。

「動画配信サービス」の時代が本格的に到来

日本では2015年秋、「動画配信サービス」が大いに注目を集めた。利用者は月額固定料金を支払えば、契約期間中はインターネットを通じて配信される動画を見放題で楽しめるサービスである。

それまでにも、Hulu、dTV、U-NEXT（ここはアダルトビデオが見られるからかその分料金が高いのがネックだが）などがあったのに、なぜあらためて動画配信サービスが注目されたのか。それは米国最大手のネットフリックスが日本でもサービスを開始したからだ。日本のメディアでは「黒船」にたとえられることも多い。

各動画配信サービスについて、日本における現状も併せて紹介してみよう。

2015年、ついに上陸した「黒船」

ネットフリックス

1997年に創業したアメリカのネットフリックスは、元々動画配信サービスではなく、インターネットでレンタルDVDの注文を受け付けて郵便で届ける事業の会社だった。創業者の一人、リード・ヘイスティングスは、レンタルビデオで40ドルもの延滞金を取られたことから、返却が遅れても延滞金を取られないレンタルビデオ業を思いついたという。

しかし業績悪化後、ストリーミングで映画などの動画をインターネット経由で配信しようと方針を変更する。これなら利用者とDVDをやり取りする物理的な手間も省ける。

またネットフリックスにはある強みがあった。顧客がサイトでレンタルDVDを申し込む際、積極的に「お薦め（recommendation）」の作品を提示したのがネットフリックスの成功の理由のひとつだった。具体的には、どんな顧客がどんな作品をレンタルしたかというデータを膨大に蓄積し、そのメガデータを「お薦め」に活用したのだった。

そしてネットフリックスはレンタルDVDが成功していた時代に蓄積した資金などを投入

NETFLIX

し、2007年から動画配信サービスに力を入れていった。当初、利用者が見た時間に比例して料金は決まったが、翌年に見放題制に移行。ハリウッドの各映画会社と次々に契約してタイトルを増やし続け、利用者数を伸ばしていった。

そして2011年、ついにオリジナル作品に着手すると発表。まず2年後の2013年2月14日のバレンタインデーから、『ハウス・オブ・カード　野望の階段』(13〜)のシーズン1全話を一挙配信した。2カ月後にはインディーズ映画の鬼才イーライ・ロス監督が製作するホラードラマ『ヘムロック・グローヴ』(13〜15)を配信。注目すべきは、フィンチャー監督もロス監督もネットフリックスが持つメガデータから「この人たちなら自社のファンに支持される」と判断されたことである。同年にはオリジナルコメディドラマ『オレンジ・イズ・ニュー・ブラック』(13〜)も配信した。

斬新だったのは、各シーズンを全話一挙に配信したこと。思い出してみてほしい。見たい海外ドラマのDVDの次の巻をレンタル店に借りに行った時、別の利用者に貸し出されていて借りられなかった時の虚脱感を。レンタルビデオ業を知り尽くしたネットフリックスだからこそ、利用者たちをそんなストレスから解放してみせたのだった。

そして『ハウス・オブ・カード　野望の階段』は同年秋に開催されたTV界の権威、第65

回エミー賞で4つのノミネーションを受けた。ノミネーションはネット独占配信ドラマとして同賞史上初だ。そしてフィンチャーがドラマ・シリーズ監督賞に輝き、ネット独占配信ドラマがノミネーションにとどまらず受賞までしたのも史上初だった。『オレンジ・イズ・ニュー・ブラック』も翌年の第66回エミー賞で12個のノミネーションを獲得した。

但し、以上のような先行投資がかさんだため、累積赤字は日本円にして数千億円もあるという説がある。しかし、以上のような映像コンテンツは今後何年間も利益を生み続けるかもしれない資産として残り、何より事業自体に将来性があるのは大きい。

全米で快進撃を続けてきたネットフリックスだが、日本でも2015年9月1日にサービスを開始。日本進出にあたってネットフリックスは日本の市場を研究し、国産の作品が重要になると分析した。そしてフジテレビと組み、同局のヒット番組『テラスハウス』の続編などを配信し、サービス開始の数日前には第153回芥川賞に輝いた又吉直樹（またよしなおき）氏の小説『火花』を映像化して配信すると発表して注目された（2016年6月3日より配信中）。

海外ドラマも、本国でのネットフリックスで話題になった『ハウス・オブ・カード　野望の階段』の配信開始こそ遅れたが、他にも多彩なコンテンツを日本に上陸させている。

代表的なネットフリックスのオリジナル作品は、賞レースで好調な『オレンジ・イズ・

ニュー・ブラック』の他、『マトリックス』(99)などの映画で知られるウォシャウスキー兄弟(現在はどちらも性転換して姉妹になってしまった)のSFドラマ『センス8』(15〜)、史上最悪の麻薬王パブロ・エスコバルを題材にした実話犯罪ドラマ『ナルコス』(15〜)、高い評価を得た『ダメージ』(07〜12)のスタッフが手がけたサスペンス『ブラッドライン』(15〜)など。

またマーベル・コミックスの作品を映像化する「マーベル・シネマティック・ユニバース」に含まれる『デアデビル』(15)、『ジェシカ・ジョーンズ』(15〜)などの話題作も配信。ちなみに、新作『ルーク・ケイジ』(16〜)や、『デアデビル』のシーズン2に登場したマーベル・キャラを主人公にした『ザ・パニッシャー(原題)』のドラマ版も配信予定だ。

オリジナル作品以外にも、日本でのラインナップには本国でTV放送された作品である、『ブレイキング・バッド』(08〜13)のスピンオフで、後に弁護士ソウル・グッドマンになるジミー・マッギル(ボブ・オデンカーク)の過去を描いた、全米AMC局の『ベター・コール・ソウル』(15〜)、全米ABCネットワークで放送された、やはり「マーベル・シネマティック・ユニバース」の中の『エージェント・カーター』(15〜16)、全米MTV局で放送されたヒット・ホラー映画のドラマ版『スクリーム』(15〜)などを配信。

また、本国版ネットフリックスはTVで終了したドラマの続編を製作して配信することが多いが、1980〜90年代のヒットコメディ『フルハウス』(87〜95)の続編、『フラーハウス』(16〜)に度肝を抜かれた人は多いのでは。日本語吹替版に旧作のキャストが再集結したのも話題だ。2017年には名作宇宙SFドラマの最新シリーズ『スタートレック・ディスカバリー(原題)』も配信するという。

また、ネットフリックスはドキュメンタリーも充実している。第88回アカデミー賞の長編ドキュメンタリー賞にノミネートされた5本のうち、『ニーナ・シモン〜魂の歌』(15)と『ウィンター・オン・ファイヤー：ウクライナ、自由への闘い』(15)の2本の製作にネットフリックスは参加し、毎回1時間前後で複数のエピソードがあるドキュメンタリー・シリーズ(ドキュ・シリーズと呼ぶ)、一人の男性が2度も冤罪で逮捕されたかもしれないという実話を追った全10回の『殺人者への道』(15、シーズン2も決定)などの衝撃作を配信した。

そういう訳で目が離せない日本版ネットフリックス。2016年夏の時点であえて指摘するなら、映画のラインナップの充実がより求められることだろう。

ネット通販サイトがドラマを配信する事情

Amazonプライム・ビデオ

インターネット通販の世界最大手、アマゾン（Amazon）が展開している会員サービス「Amazonプライム」。注文した商品が早く届くというサービスを筆頭に各種のサービスを利用者に提供しているが、その中に動画配信サービス「Amazonプライム・ビデオ」もある。

筆者自身、なぜインターネット通販のアマゾンがドラマを配信するのか、最初はよく分からなかったが、恐らくはこれまでのサービス以外に、最新の映像エンターテインメントなども提供することで会員にメリットを提供し、企業としての価値を高めようとしているのだろう。2016年7月の時点で日本では「Amazonプライム」の年会費は消費税込みで3900円。他の動画配信サービスよりも格段に安いが、推測するにアマゾンとしての宣伝費からもオリジナル・ドラマや映画などのコンテンツの確保にコストを投じているのだろう。実際に海外ドラマの新作がそれなりに充実しているので無視できない存在だ。

アメリカ本国における「Amazonビデオ」の成立についてふれたい。アメリカのアマゾン

amazon Prime

が自社のサイトで動画を配信し始めたのは2006年版。ケーブルTVやホテルの宿泊客向けのサービスで普及していたVOD（ビデオ・オン・デマンド）のインターネット版だった。ちなみに日本でも、「Amazon プライム」の会員にならずとも、料金さえ払えば映画などの配信を楽しむことができ、ここで日本初上陸する海外の映画まで存在している。

そして関連企業として「Amazon スタジオ（ステューディオズ）」を創設し、映像作品の製作にも進出。2014年2月に全米配信を開始した初めてのオリジナル・ドラマは、初老の大学教授（ジェフリー・タンバー）が自身の中に眠っていた女性のジェンダーに目覚めるコミカルドラマ『トランスペアレント』。これは翌年1月に発表された第72回ゴールデン・グローブ賞TVの部で、ネット独占配信ドラマとして史上初めてミュージカル／コメディ・シリーズ作品賞に輝いた。俳優のジェイソン・シュワルツマンとその従兄であるロマン・コッポラ監督などインディーズ映画を中心に活躍するメンバーがプロデュースし、ラテン系実力派スターのガエル・ガルシア・ベルナルを主演に迎えたコメディ『モーツァルト・イン・ザ・ジャングル』（14〜）も、2016年の第73回ゴールデン・グローブ賞で同部門を受賞。

ユニークなのは、アマゾンのドラマはまず第1話だけをテスト配信し、そこでの反響を受けてシーズン1を製作すること。2015年は、映画『ブレードランナー』（82）などの原作者フィリップ・K・ディックが、第二次世界大戦でアメリカなどの連合国が負けた架空世界を描いた小説『高い城の男（原題）』（15〜）の同名ドラマ化が大反響を呼んだ。

日本のAmazonプライム・ビデオでは、「Amazonスタジオ」の作品以外にも、全米ではUSAネットワークが放送して第73回ゴールデン・グローブ賞TVの部のドラマ・シリーズ作品賞に輝いた衝撃的野心作『MR. ROBOT／ミスター・ロボット』（15〜）、ヒット作『ウォーキング・デッド』のスピンオフで全米AMC局で放送された新たなゾンビ・パニック・ドラマ『フィアー・ザ・ウォーキング・デッド』（15〜）などを配信した。

日本独自の進化を続ける要注目のブランド

Hulu

2007年、アメリカで大手メディア企業の複数が出資して設立した動画配信サービス。アメリカでは広告が入るため無料で見られるが、有料会員向けの「Huluプラス」もある。各メディア企業（CBS以外の地上波ネットワークなど）の人気作品が見られるためか、オリジナル・コンテンツの開発については出遅れた感があるが、2016年2月15日からJ・J・エイブラムス製作総指揮でスティーヴン・キングの小説をドラマ化した『11／22／63』（16〜）の配信を開始。過去に飛んだ主人公（ジェームズ・フランコ）がジョン・F・ケネディ暗殺を防ごうとするSFサスペンスだ。

2011年から日本でもサービスを開始したが、日本では動画配信サービスそのものの定着が遅れたため加入数が伸びず、2014年、日本テレビの子会社になった。

日本テレビやそのネットワークの系列局のヒット番組を追っかけ視聴できるという新しい付加価値が好評な上、ドイツのドラマを唐沢寿明（からさわとしあき）の主演でリメイクした『THE LAST

hulu

COP／ラストコップ』（15、日本テレビと共同製作）、尾野真千子をヒロインに迎えたサスペンス『フジコ』（15）といった和製オリジナル・ドラマを発表している。

海外ドラマも積極的に調達していて、スティーヴン・キング原作のSFサスペンス『アンダー・ザ・ドーム』（13〜15）、ヒットSF映画をドラマ化した『12モンキーズ』（15〜）、オーストラリアのヒットドラマ『ウェントワース女子刑務所』（13〜）など、海外ドラマ好きが無視できない充実ぶり。2016年中には、映画界の鬼才スティーヴン・ソダーバーグが全話を監督した衝撃作『The Knick（原題）』（14〜15）も配信予定だ。

さらに、2016年には全米TV界のプレミアム・チャンネルの雄、HBOと契約し、同チャンネルのヒットドラマ、『ゲーム・オブ・スローンズ』（11〜）などの配信を開始。

2016年夏の時点で契約数は日本版ネットフリックスを上回っていると思われ、しばらくは日本を代表する動画配信サービスの一社として注目を集め続けるだろう。

dTV

2016年夏時点で日本最多の契約数を誇る

アメリカではなく日本で生まれた動画配信サービスだが、ここで紹介しておきたい。

エイベックス通信放送が運営し、NTTドコモが提供するサービスだが、2016年夏の時点で毎月の料金が消費税込みで540円と他の競合各社より安く、他社よりアニメなどの国産コンテンツが充実していることもあり、2016年3月27日に会員（サブスクライバー）は500万人を突破し、有料の動画配信サービスとしては国内トップにいる。

海外ドラマについては、従来から人気が高かったヒット海外ドラマがかなり揃っている点は、海外ドラマ・ビギナーにとって頼もしいといえる。

欲をいえば、dTVでしか見られない海外ドラマがもっと増えれば、メディアでの露出がもっと増えてもおかしくないし、そうなることを個人的には望みたい。

まずは何が起きてもおかしくないのが現在の動画配信サービス事情であり、海外ドラマの目利きを自負する人なら、もうマークし始めておいたほうがいいだろう。

dTV

日本における4大「動画配信サービス」比較				
名称	NETFLIX	hulu	amazon Prime	dTV
親会社	ネットフリックス	日本テレビ	Amazon	NTTドコモ
日本でのサービス開始	2015年9月1日	2011年8月31日	2015年9月24日	2015年4月22日に現名称に。
特徴	●アメリカのNetflixで配信された最新のドラマ、映画、ドキュメンタリーを多数日本初公開。フジテレビと提携。 ●アメリカで作られたオリジナル・ドラマは本国で高評価を獲得。 ●ドラマ『火花』など、日本で作られたオリジナル・コンテンツも。 ●利用者の好みを分析して別作品をお薦めする機能に力を入れている。	●日本テレビなどの国内のTV番組の配信や、最新海外ドラマに力を入れている。 ●アメリカのプレミアム系チャンネル、HBOと提携。 ●『フジコ』などオリジナル・ドラマも製作している。 ●国内のTV番組は日本テレビだけではなくテレビ東京の番組も多い。	●ひと月あたりの会費が税込325円と安い上、Amazonプライムの他のサービスも受けられる。 ●アメリカで作られたオリジナル・ドラマは本国で高評価を獲得。 ●ウディ・アレン監督と組むなど、さらに映画界に接近していく模様。 ●対応端末を使ってダウンロードして再生することが可能。	●サービスそのものは2009年に始まり、旧名称は「dビデオ powered by BeeTV」。2016年6月の時点で日本最多の会員数。 ●日本のアニメと音楽のコンテンツに力を入れている。 ●海外ドラマに関しては既に人気が高い作品を手堅くラインナップ。 ●国内のオリジナル・ドラマが充実。一部端末へのダウンロード可能。
代表的な海外ドラマ ※一部の作品は他の動画配信サービスも配信。	『ハウス・オブ・カード 野望の階段』『オレンジ・イズ・ニュー・ブラック』『フラーハウス』『Sense センス8』『ヘムロック・グローヴ』『デアデビル』『ジェシカ・ジョーンズ』『ナルコス』『ブラッドライン』『ベター・コール・ソウル』『ジ・アメリカンズ』『スクリーム』『FARGO ファーゴ』	『ゲーム・オブ・スローンズ』『TRUE DETECTIVE』『死霊のはらわた リターンズ』『12モンキーズ』『タイラント-独裁国家-』『HEROES Reborn ヒーローズ・リボーン』『Black Sails／ブラック・セイルズ』『ブルックリン警察 内部告発-』『アンダー・ザ・ドーム』	『トランスペアレント』『MR.ROBOT／ミスター・ロボット』『モーツァルト・イン・ザ・ジャングル』『フィアー・ザ・ウォーキング・デッド』『ティーン・ウルフ』『ラスト・タイクーン』『プリーチャー』『BOSCH ボッシュ』『ハンド・オブ・ゴッド』『ヴァイキング〜海の覇者たち〜』	『ダ・ヴィンチと禁断の謎』『アウトキャスト』『ロスト・ガール』『生存者たち』『ウォーキング・デッド』『DEFIANCE／ディファイアンス』『コールドケース』『MAJOR CRIMES〜重大犯罪課』『24-TWENTY FOUR-』『glee／グリー』『ゴシップガール』
再生の快適度（筆者の主観による）	★★★★	★★	★★★	★★
税別料金	ひと月あたり ベーシックプラン 650円 スタンダードプラン 950円 プレミアムプラン 1450円	ひと月あたり 933円	年間 3611円	ひと月あたり 500円

※ 2016年8月時点

海外ドラマの偏見を解く

アメリカのドラマが「動画配信サービス」やその基礎になった「ケーブルTV」（後述する）を中心に、空前絶後の興隆を見せていることをぜひ理解してほしい。それでもまだ「海外ドラマはハードルが高い」と思っている人は、大勢いるかもしれない。

まず「話数の多さ」だが、たとえば友人に勧められたコミックが面白くて、まとめて何巻も読んだことがある人は少なくないだろう。海外ドラマと日本のコミックやアニメが似ている点は、「人気があるかぎりは何年だって続く可能性がある」ことだ。むしろ、お気に入りの海外ドラマさえ見つかれば、何十時間、何百時間も楽しめると考えてみるのはどうだろうか。それに、DVDやブルーレイ、そして動画配信サービスを使って視聴する場合、ここではやり方を詳述しないが、予想以上に短い時間で見ることだって可能だ。スマホを使って、通勤時間や空き時間に見るのもいい。1話60分のドラマを分割して見るのもいいし、30分で1話が完結する良質なドラマだってある。マンガをぱらぱらと「斜め読み」するように、海外ドラマだって斜め見したっていいのだ。

「シーズンの終わりで物語が完結しない」ことが多いのは確かにそうだが、お気に入りの映画シリーズやコミックから急に心が離れてなんとなく見なくなることは、誰にだってある。一本の映画ならラストまで見るべきだが、海外ドラマは第2話以降、つまらなくなったと思ったら見るのをそこでやめてもいいし、実はまた面白くなったと耳にしたら、また見るようにすればいいだけのことだ。

そして「知らない俳優ばかり出演している」といって海外ドラマを敬遠するのも残念だ。作り手たちがあえて「知らない俳優」をキャスティングすることで、見る者をストーリーに没入させることを狙う場合は多い。それよりも、ドラマで当たり役を得た俳優が映画の世界でも成功してスターになるかもしれない、そのプロセスをリアルタイムで追う醍醐味のほうが大きいこともある。

「海外ドラマはどれから見ればいいのか分からない」というのも考え過ぎ。評判を聞いたドラマの第1話を片っ端から見ていけばいい。昔なら、レンタルビデオ店で借りるだけでお金もかかって大変だが、動画配信サービスなら好きなだけ第1話は見放題だ。さらに、膨大なメガデータからあなたにおすすめの第1話を自動的にお勧めしてくれるだろう。

海外ドラマをカジュアルに楽しみむ環境は整っている。あとは貴方が重い腰をあげる、それだけだ。

アメリカ人の現在のドラマの楽しみ方

本来はＴＶで楽しまれるべきドラマという娯楽を生み、ケーブルＴＶを通じて多チャンネル化を進展させたアメリカだが、これまでに語ってきた通り、インターネットを使った「動画配信サービス」を生み出してみせた。

そんなアメリカで、「動画配信サービスがＴＶを駆逐している」と思っている人は多いかもしれない。

事実、現在は「コードカッター」と呼ばれる新たな現象が起きている。これは、インターネットで無料動画や、有料の動画配信サービスで自分が見たい番組だけ見られればいいと割り切り、ケーブルＴＶの契約をやめてしまう層のこと。確かに日本でも、ＣＳ放送やＣＡＴＶに加入していても全然見ないチャンネルが結構あり、無駄に感じるのは分からないでもない。

「コードカッター」は全米合わせてもまだ数百万世帯しかないと言われているが、ＨＢＯなど、ケーブルのプレミアム系チャンネルも最近では自局のサイトや動画配信サービスで、１エピソードあたり数ドルという料金で配信を始めているといい、まるで「コードカッター」のニーズを受けたかのようだ。

ではアメリカのTV局はダメになったかというと、その答はノーだ。各局が放送する番組については、局の系列会社が番組に投資するケースが増えており（以前は少なかった）、TV局で製作したドラマが動画配信サービスや海外のマーケットに売れて、系列会社から収益がフィードバックされている間はやはり安泰だ。配信しているケーブルTVのプラットフォームからも、一軒いくらずつという収入がある。

ケーブルTVはアメリカにおいて、電気・水道・ガスほどの重要度はないとはいっても社会資本のひとつというべきレベルのインフラになっている。また、放送権ビジネスの観点からいっても、たとえばオリンピックの放送権はとんでもない金額にまで膨張しているが、動画配信サービス向きのコンテンツと呼びがたい性質もあって、まだしばらくはTVで見られていくだろう。

そしてドラマに関しては、面白いドラマをきちんと作って放送してさえいれば損することはなく、むしろ成功すれば次のヒット作につなげられるという好況を呈している。

そしてこれまで述べてきた通り、映画界から優れた才能が次々と流入し続けている間は、アメリカのドラマはこれまで以上に進化を続けるにちがいない。

第2章 今見るべき価値が最も高いドラマとは

海外ドラマには、常に最高傑作がある

今世界の映像業界においては、無数の才能や潤沢な資金がドラマ業界に集まっている。海外ドラマ歴37年の筆者でさえ、21世紀に入ってからは毎年何回も「こんなドラマが生まれたか」と大いに驚かされているほどだ。仮にドラマの魅力を「秀作ドラマの本数×作品の面白さ」で数値化できるとするならば、恐らくは去年より今年、今年より来年のほうが数値が高い……という夢のような拡大再生産が起こっている。常に最高傑作があると言ってもいいような状況が、もう何年も続いているのだ。

ではどうやって見るべき価値があるドラマを見つければいいのか。

まずはあなたの好みにあった作品をい見つけてみましょう。

筆者なりに考えた「海外ドラマ・マッチング表」を次のページに掲載してみた。無数にある海外ドラマの中から、今筆者が一番面白いと思う海外ドラマを7本、「海外ドラマ七福神」（筆者命名）を厳選しました。

まずはフラットな気持ちで挑戦して、あなたにとって最適な作品をマッチメイキングしてほしい。

診断結果をもとに、つづく作品紹介を読んでみてください。作品紹介を読んで、面白そうだと思ったら、まずはその海外ドラマの第1話を見てみよう。万が一、面白くなかったと思ったらもう一度、このマッチング表に再挑戦して、別の「海外ドラマ七福神」の第1話を見てみてほしい。

「海外ドラマ七福神」の導きによって、お気に入りの海外ドラマを見つけ、刺激的で豊かなドラマ人生を摑むきっかけとなることを祈っています。

まずはトライしてみるべし！

あなた好みの
「今」みるべき
海外ドラマが
わかる！

LET'S TRY!

が見るべき
マッチング表

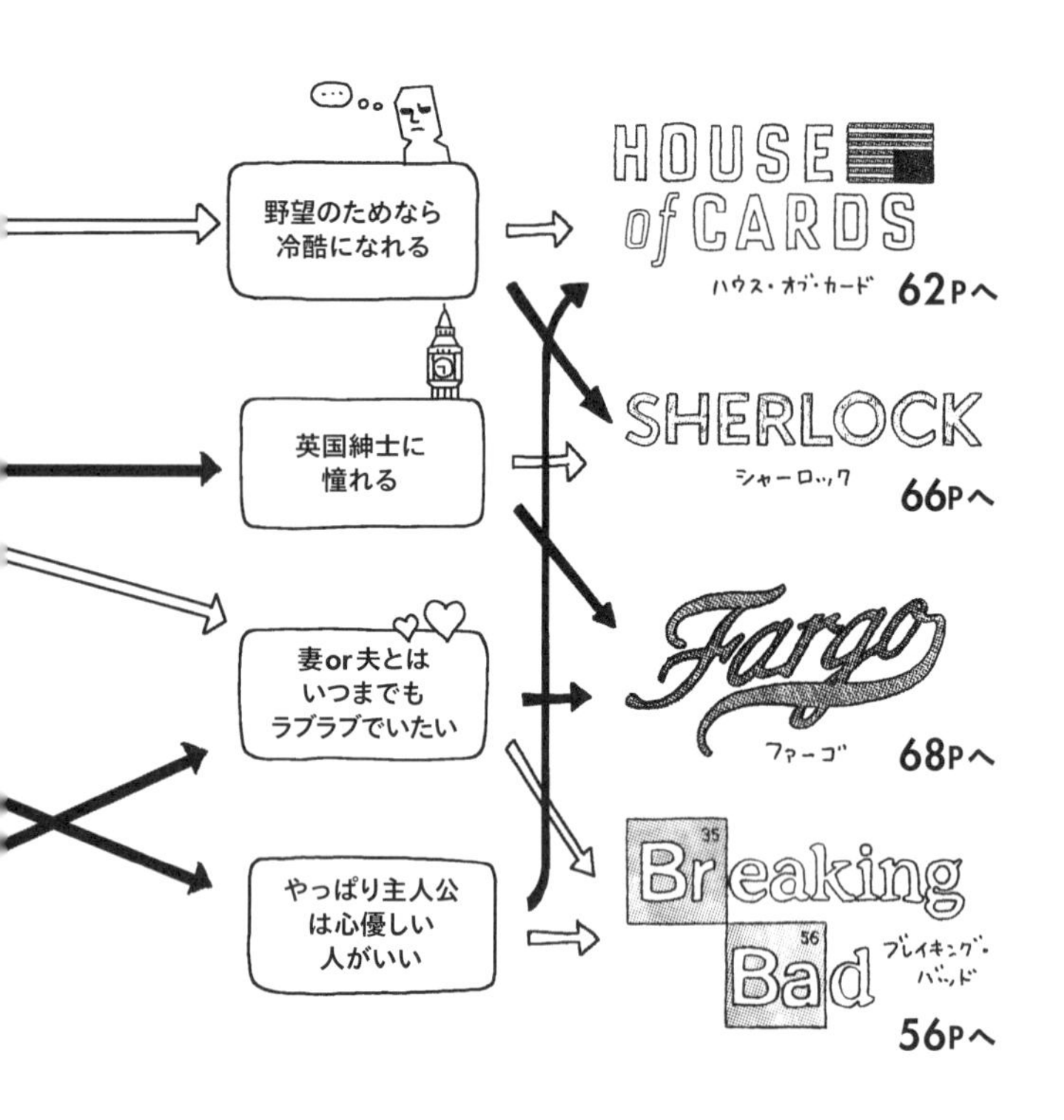

illustration
by ウラケン

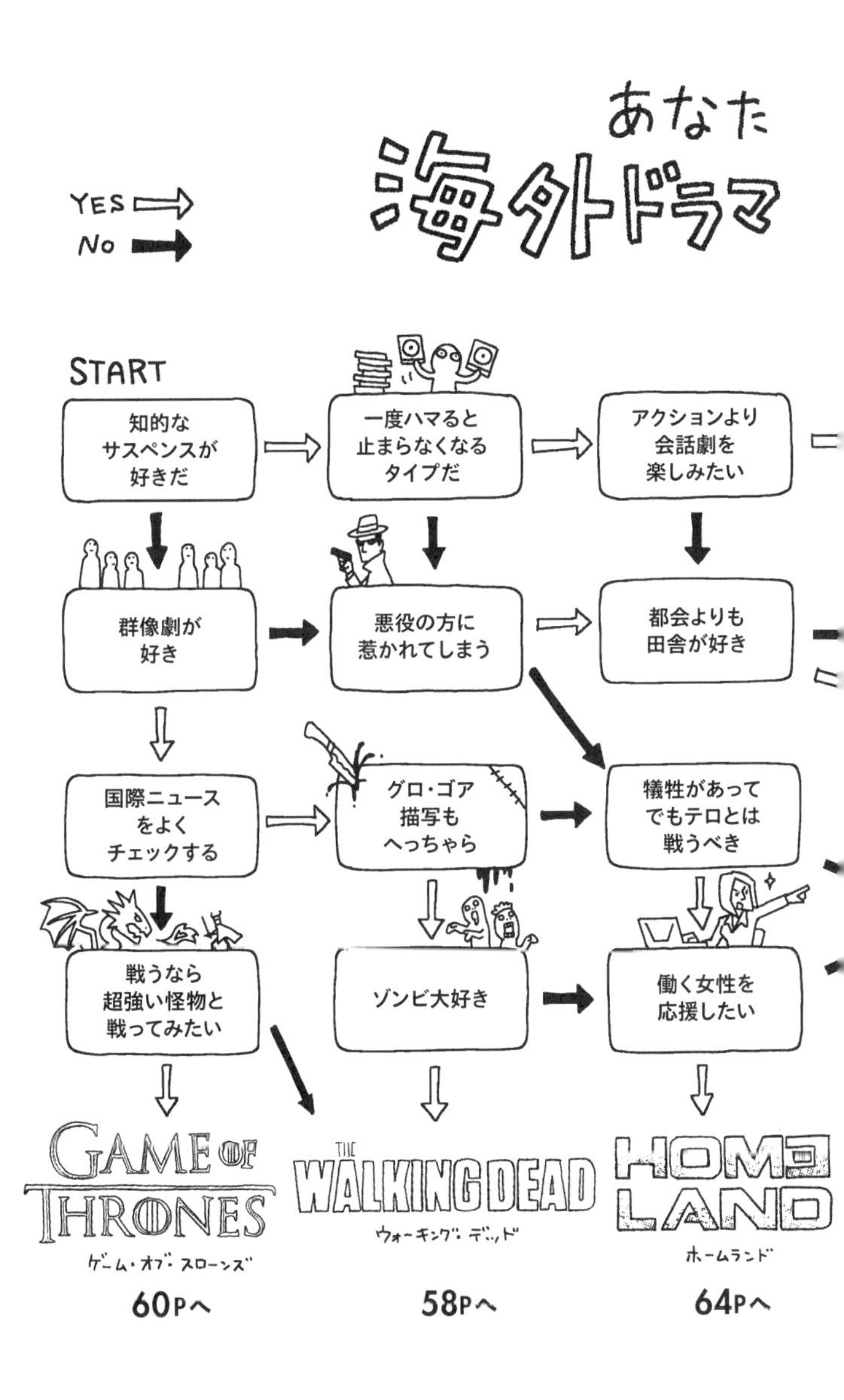
あなた
海外ドラマ
YES
No
START
知的なサスペンスが好きだ
一度ハマると止まらなくなるタイプだ
アクションより会話劇を楽しみたい
群像劇が好き
悪役の方に惹かれてしまう
都会よりも田舎が好き
国際ニュースをよくチェックする
グロ・ゴア描写もへっちゃら
犠牲があってでもテロとは戦うべき
戦うなら超強い怪物と戦ってみたい
ゾンビ大好き
働く女性を応援したい
GAME OF THRONES
ゲーム・オブ・スローンズ
60Pへ
THE WALKING DEAD
ウォーキング・デッド
58Pへ
HOMELAND
ホームランド
64Pへ

動画配信サービスの追っかけ再生で視聴者数は7倍に！

『ブレイキング・バッド』

企画：ヴィンス・ギリガン／製作総指揮：ヴィンス・ギリガン／出演：ブライアン・クランストン、アーロン・ポール、アンナ・ガン、ディーン・ノリス、ベッツィ・ブラント、RJ・ミッテほか／第1話監督：ヴィンス・ギリガン
本国での公開：アメリカAMC局で2008年1月20日より放送（全5シーズン）

◎解説

さえない高校教師が化学の知識を活かし、麻薬「メス（メタンフェタミン）」の製造に乗り出すが、裏社会で恐れられる強面に変貌していく。主人公のウォルター（ブライアン・クランストン）の当初の負け組っぷりに、リーマン・ショックの影響を受けた企画かと思いきや、全米放送が始まったのはリーマン・ショックの8カ月前。時代の先を行く発想で、メキシコから全米に「メス」が大量に密輸されている現実を反映したのも出色だ。

また、本作が全米で画期的だったのはTV放送後、動画配信サービスなどで遅れて見た人が面白いと熱狂し、オンエアに追いつくファンが多数生まれたこと。結果、最終話を見た人

の数はシーズン1第1話の7倍にも到達した。TVと動画配信サービスが共存することで後のドラマというコンテンツの可能性すら拡大したといっていい。

ウォルター役のクランストンは実力派俳優として一気に評価を高め、アカデミー賞受賞作『アルゴ』(12)、ハリウッド・リメイク版『GODZILLA ゴジラ』(14)に出演し、『トランボ ハリウッドに最も嫌われた男』(15)では第88回アカデミー賞で主演男優賞にノミネート。ハリウッドのど真ん中に躍り出た。

◎要注意ポイント

麻薬を作る高校教師自体が過激な上、シーズン1ではギャングの遺体を始末する、ぞっとする場面もあるが、以降は時折激しいアクションがある位で刺激度は低くなり、これがトラウマになるようでは現在の海外ドラマは楽しめないというレベルに落ち着く。

◎気に入ったらこれもお薦め！

『ベター・コール・ソウル』(15〜)／『ブレイキング・バッド』で途中からウォルターに味方する弁護士ソウル・グッドマンの過去を描く。スリルあり笑いあり涙ありの秀作だ。

ゾンビ・パニックもありなら、全米TV界は何でもあり！

『ウォーキング・デッド』

原作：ロバート・カークマンほか／TV化企画：フランク・ダラボン／製作総指揮：ゲイル・アン・ハードほか／出演：アンドリュー・リンカーン、ノーマン・リーダス、スティーヴン・ユァン、メリッサ・マクブライドほか／第1話監督：フランク・ダラボン
本国での公開：アメリカAMC局で2010年10月31日より放送（継続中）

◎解　説

何にせよ、今や「アメリカのドラマは何でもあり」を象徴する、破格の野心作だ。ホラー映画が大嫌いという人にとって人間を襲う遺体、「ゾンビ」という題材自体が天敵かもしれないが、ゾンビを題材にしたホラーというよりは、ゾンビの出現によって混乱した世界で生き残った人間同士が争い合う、ひりひりとした群像サスペンス劇。多くの人が抱く「ゾンビより生きている人間のほうが怖い」という感想に、見れば頷く人は多いはず。

死んでいるのに生きている人間を食べるゾンビだが、映画界では2000年代（ゼロ）年代、「走るゾンビ」が流行。しかし、本作はゾンビ映画の巨匠ジョージ・A・ロメロ監督の

『ナイト・オブ・ザ・リビングデッド』(68)などの古典に立ち返り、ゆっくり移動するゾンビ像に回帰。ゾンビは「ウォーカー(歩行者)」と呼ばれる。やはりゾンビは気がつけばそこにいて、いきなり人間を襲うほうが怖い。影響は一部の映画にフィードバックされているほど大きい。

中心人物はアメリカ南部の保安官リック(アンドリュー・リンカーン)で、昏睡状態から覚醒した彼はゾンビによって人間社会が崩壊したことを知るが、それでも生存者たちを率いて安住の地を探そうとする。彼が保安官だからか、時に西部劇を思わせるムードも漂わせる。

◎要注意ポイント

ゾンビものなのでグロテスクな表現が多く、ゾンビ映画のファンからもほめられるほどの突き抜けっぷりなので相当の覚悟が必要だが、慣れると平気という声も。

◎気に入ったらこれもお薦め!

『Zネーション』(14〜)/これもゾンビもので、生存者たちがあちこちを旅して新種のゾンビたちと遭遇する展開。舞台の移動が少ない『ウォーキング・デッド』への不満に応えた。

バイオレンス&エロス満載の大人向け『ロード・オブ・ザ・リング』!?

『ゲーム・オブ・スローンズ』

原作：ジョージ・R・R・マーティン／TV化企画・製作総指揮：デヴィッド・ベニオフ、D・B・ワイス／出演：エミリア・クラーク、ピーター・ディンクレイジ、レナ・ヘディ、メイジー・ウィリアムズほか／第1話監督：ティム・ヴァン・パッテン
本国での公開：アメリカHBO局で2011年4月17日より放送（継続中）

◎解説

ジョージ・R・R・マーティンの小説『氷と炎の歌』シリーズを原作にし、架空の世界で7つの王国の権力者たちが玉座（スローン）をめぐって争う様子を描いた、戦記ファンタジー大作。全米ケーブルTV界の雄であるプレミアム系チャンネル、HBO局の自信作ということもあり、複数のシーズンが作られているアメリカのドラマとしてはトップクラスの製作費が注がれており、ロケ地も世界中の多岐にわたっている。

ファンタジーというジャンルは好きな人にはたまらないが、そうではない人だとついつい引いてしまうというリスクもある。しかし、本作はファンタジーでありながらリアルな人物

造形に優れ、しかも「こいつはこんなに突然死ぬのか!?」という予測不可能な展開を、ⅠⅤの常識を突破したようなバイオレンス＆エロス満載で描写。こう説明すると怒る『指輪物語』ファンがいるかもしれないが、まるで大人向け『ロード・オブ・ザ・リング』だ。

ファンタジーだったのが功を奏してか、キャストはリアルな題材を取り上げた映画に出演しても本作での強烈なイメージを引きずることなく、世界一の美女に選ばれたこともあるエミリア・クラーク、存在感がたっぷりなピーター・ディンクレイジなど、キャストの一部は後に映画界でも活躍を開始。日本で最速初公開をしているスター・チャンネルに、本作見たさに加入するファンが続出しているほどの熱狂ぶりだ。

◎要注意ポイント

残酷描写は全編通してだと比較的少ないが、やる時はやる作品なのでそこは要注意だ。

◎気に入ったらこれもお薦め！

『スパルタカス』（10〜13）／バイオレンスもエロスも凄いが、燃える展開も多い歴史劇。

映画界の大物2人が動画配信サービス発の話題作に挑んで大成功

『ハウス・オブ・カード　野望の階段』

原作小説：『ハウス・オブ・カード』（角川文庫刊）マイケル・ドブズ／原作ドラマ：『野望の階段』（90〜95）／企画：ボー・ウィリモン／製作総指揮：デヴィッド・フィンチャー、ケヴィン・スペイシーほか／第1話監督：デヴィッド・フィンチャー／出演：ケヴィン・スペイシー、ロビン・ライト、マイケル・ケリーほか
本国での公開：アメリカのネットフリックスで2013年2月14日より配信開始

◎解　説

映画界の大物たち、デヴィッド・フィンチャー監督、実力派スターのケヴィン・スペイシー、ロビン・ライトらがドラマに初進出したのも凄いが、それを世界初公開したのがアメリカの大手動画配信サービス、ネットフリックスだったのも凄い。ＴＶ界のアカデミー賞とも呼ぶべきエミー賞で初めて受賞した、動画配信サービス発のドラマになった。

ホワイトハウスで出世できる約束を反故にされた政治家フランク（スペイシー）が復讐の鬼と化し、手段を選ばずに国政の頂点をめざそうとする大胆なストーリー。バラク・オバマ合衆国大統領も、日本の安倍晋三首相もファンだそうだが、それっていいのか？

ちなみに番組を企画したメイン脚本家ボー・ウィリモンは、かつてヒラリー・クリントンのもとでスピーチ・ライターをしていたこともあり、とにかくすべてがリアル。尖閣諸島での中国の動きが怪しいので、日本の総理大臣がＴＶ電話を通じてホワイトハウスの大統領に、合衆国海軍の第七艦隊を尖閣諸島へ出動させてくれと頼むなんてシーンまである。

◎要注意ポイント

アメリカの国会がどういう仕組みなのか位は知っておきたいかも。

◎気に入ったらこれもお薦め！

『ザ・ホワイトハウス』(99～06)／リアルなホワイトハウス事情を描いて緊迫感たっぷりの本作だが、本来あるべきホワイトハウスの姿を描いたとして好評だったのが『ザ・ホワイトハウス』。映画界でも活躍する名脚本家アーロン・ソーキンの筆致が冴えていた。

進行する中東の危機に、ヤバい女性CIAが暴走！

『HOMELAND／ホームランド』

原作ドラマ：『プリズナーズ・オブ・ウォー』ギデオン・ラフ／TV化企画・製作総指揮：ハワード・ゴードン、アレックス・ガンサ／出演：クレア・デインズ、マンディ・パティンキン、ダミアン・ルイス、モリーナ・バッカリンほか／第1話監督：マイケル・クエスタ
本国での公開：アメリカ・ショータイム局で2011年10月2日より放送（継続中）

◎解説

ある国が現実に直面している国際問題をドラマで取り上げることは困難だが、よりによって現在進行形であるアメリカと中東の問題を取り上げたポリティカル・サスペンス。イラクで捕虜になったアメリカ海兵隊のブロディ軍曹（ダミアン・ルイス）が8年ぶりに祖国へ帰還するが、CIAのキャリー（クレア・デインズ）は彼がアルカイダ側に寝返ったと確信。それを証明しようと全力を挙げる。確かに怪しい軍曹だが、キャリーは双極性障害で、視聴者は彼女とブロディ、どちらが正しいのか混乱する。製作総指揮のハワード・ゴードンは、『24』に参加していたが、みずから「ポスト『24』」にふさわしい傑作を放った。

多くの登場人物が次々とひどい目に遭うが、それでも暴走しまくるキャリーが見もので、演じるデインズも精神的に壊れたのではないかと心配になるほどの熱演を見せている。

このドラマ、シーズン3の最後でびっくりするような方向に展開し、さすがに物語をこれ以上続けるのは無理ではとファンは心配したが、シーズン4以降も快調そのものだ。

◎要注意ポイント

アメリカで放送したのがプレミアム系チャンネルのショータイム。時折あるバイオレンスもエロティシズムもかなり生々しい。大人だけで見て楽しみたい。

◎気に入ったらこれもお薦め！

『タイラント－独裁国家－』（14～）／架空の親米派の国とはいえ、中東の独裁国家アブディンを舞台にした、これもアメリカのドラマとしてはどうかしているサスペンス。20年ぶりに帰国した独裁者の息子バリー（アダム・レイナー）は、父親の急逝を受けて新独裁者になった兄をサポートする、というように、まるで中東版『ゴッドファーザー』（72）だ。

伝説の名探偵が21世紀に完全復活。主演のカンバーバッチは人気爆発!

『SHERLOCK/シャーロック』

原作：アーサー・コナン・ドイル／TV化企画・製作総指揮：マーク・ゲイティス、スティーヴン・モファット／出演：ベネディクト・カンバーバッチ、マーティン・フリーマン、ルパート・グレイヴスほか／第1話監督：ポール・マクギガン
本国での公開：イギリスBBC1局で2010年7月25日より放送（継続中）

◎解　説

何度も映像化されてきた名探偵シャーロック・ホームズとその相棒ドクター・ジョン・ワトソンの活躍を、舞台を21世紀のロンドンに移してドラマ化。シャーロックは原作通りのエキセントリックな性格だが、スマホを持ち歩き、ネットを駆使するというのが21世紀風。展開もとにかく速く、若いファンを獲得しながら、原作重視の姿勢はぶれず、熱心なホームズ・ファン、「シャーロキアン」も納得というように幅広い層に支持されている。

ＶＦＸを使い、シャーロックの頭に浮かんだ単語や地図を画面に合成して見せる演出もかっこいい。まるでシャーロックといっしょにゲームをしているような感覚がある。

何よりも名コンビ、シャーロック役のベネディクト・カンバーバッチとジョン・ワトソン役のマーティン・フリーマンがはまり役だ。熱心なファンが彼らの関係をボーイズ・ラブのように見立てて楽しみ、番組でもそんな彼らの関係をいじるという微笑ましいサービスも。カンバーバッチとフリーマンが映画界でも人気のスターになったせいで続編が待ち遠しいが、2017年には第4シリーズが完成しそうだ。

◎要注意ポイント

この「七福神」で唯一のイギリス作品。近年のBBCのミステリーの中には遺体などグロい描写もあるが、本作はそのあたりは心配せずに安心して見られる。

◎気に入ったらこれもお薦め！

『シャーロック・ホームズの冒険』(84〜94)／超個性的な『SHERLOCK／シャーロック』に代わる作品は思いつかないというのが正直なところ。あえて原作に忠実といわれるかつてのドラマにふれて、同じ原作がどう映像化されていたか、比較して楽しんでみよう。

映画版より面白くなったドラマ化の成功例

『FARGO／ファーゴ』

原作映画：『ファーゴ』／TV化企画・製作総指揮：ノア・ホーリー／ジョエル・コーエン、イーサン・コーエン／出演（シーズン1）：マーティン・フリーマン、ビリー・ボブ・ソーントンほか／第1話監督：アダム・バーンスタイン
本国での公開：アメリカFX局で2014年4月15日より放送（継続中）

◎解　説

1996年のアメリカ映画『ファーゴ』は、第69回アカデミー賞で2部門に輝き、第49回カンヌ国際映画祭で監督賞を授賞した、ややアート性の高いオフビートな犯罪サスペンスだった。現在の全米TV界はこんな映画までドラマ化するのかと驚かされるが、『ファーゴ』のジョエル・コーエン監督と製作者イーサン・コーエンというコーエン兄弟（映画版の脚本も共同執筆）が製作総指揮したドラマ版が本作。映画版で事件が起きてから10年後の2006年、さえない保険セールスマンのレスター（『SHERLOCK／シャーロック』のマーティン・フリーマン）が凄腕の殺し屋マルヴォ（ビリー・ボブ・ソーントン）と出会って起きる惨劇の数々

を、ブラックユーモアたっぷりに描写。舞台となる土地が近いというだけで実は映画版とほとんど関係がなく、評判がよかった映画版と比較されることを避けたのも賢明。

そしてシーズン1とうって変わって、シーズン2は過去にさかのぼって1979年の異なるストーリーを新たに展開（キャストもキルスティン・ダンストらに一新）。全米で2017年に始まるシーズン3は、なんと2010年の物語。シーズン毎に内容が変わるのは同じFX局の『アメリカン・ホラー・ストーリー』（11〜）もそうだが、なんとも斬新だ。

◎要注意ポイント

映画版と同様、不謹慎なブラックユーモアはあるが、とんでもなくグロい描写はたまにだけ。なお毎回の冒頭に出る「実話」というのは映画版と同様、大ウソだ。

◎気に入ったらこれもお薦め！

『ベイツ・モーテル』（13〜）／名作サスペンス映画『サイコ』（60）の原作小説から登場人物を借りたドラマ版。ノーマン少年が映画版のような殺人鬼になるのかどうか、気になる。

イギリス編

放送の歴史を振り返った時、世界で初めてTV放送をしたのはイギリスのBBCだ。そんな背景もあって、ニュースにも定評があるBBCなどで無数の番組が次々と生まれ、これまで世界中に輸出されてきて、「第二のTV大国」と呼びたいのがイギリスである。

そんなイギリスの地上波では長い間、公共放送であるBBCの2つのチャンネル（BBC1とBBC2）と民放のITVネットワークが3大チャンネルである時代が長く続いたが、1982年には新たな公共TV局（とはいえCMから収入を得る）、「チャンネル4」が、1997年には民放の「チャンネル5」がそれぞれ開局。世界的な多チャンネル化の流れに歩みを揃えるようになる。並行して1990年代からは、メディア王ルパート・マードックが仕掛けたCS放送「BスカイB」も定着している。

スケールや大胆さで勝負することを好むアメリカの映像業界に対し、イギリスの映像業界にはどこか職人気質があり（後にハリウッドで活躍したアルフレッド・ヒッチコック監督もイギリス出身）、また、文芸界と連動するかのように伝統的にミステリーが好まれる傾向にある。『シャーロック・ホームズの冒険』、『主任警部モース』（87〜00）、『名探偵ポワロ』（89〜13）、『心理探偵フィッツ』（93〜95）、加えてSFも『ドクター・フー』（63〜）、人形劇『サンダーバード』（64〜66、15年からリブートした『サンダーバード ARE GO』も製作中）などは日本にもファンが多い。ドラマではないがコメディ・スケッチ集『空飛ぶモンティ・パイソン』（69〜74）には時代を超えた人気があり、日本版も作られたクイズ番組『クイズ＄ミリオネア』（98〜14）、NHKが日本版『覆面リサーチ ボス潜入』を作ったリアリティ・ショー『アンダーカバー・ボス』（09〜）も最初はイギリスで生まれた。

最近では『ダウントン・アビー』（10〜15）、『SHERLOCK／シャーロック』が世界的にヒットし、イギリスTV界の実力を証明している。

映画監督でいうと、ダニー・ボイル、マイケル・ウィンターボトム、ジョン・マッデン、トム・フーパーらはTV出身だ。なぜか1シーズン（イギリスではシリーズと呼ぶ）あたり計6時間（1時間×6話など）というドラマが多いイギリス。1年にそれしか作らない、だからこそ職人たちの丁寧な仕事をじっくりと楽しめるという奥深い味わいがある。

北欧を含むヨーロッパ編

イギリス以外のヨーロッパでもたくさんのドラマが作られている。

『女刑事ジュリー・レスコー』(92〜14)が日本上陸したフランスでは、映画界のヒットメーカー、リュック・ベッソンが様々なプロジェクトを実現させつつ、次段階も準備中。

ドイツは、ロングランが続く『アウトバーンコップ』(96〜)、B級スカイアクション『ヘリコップ』(98〜01)など、工業大国だからか、メカを駆使したアクションが得意だ。

さて、ヨーロッパで現在ドラマ方面が熱いのは、北欧のスウェーデンとデンマークだ。

過去にさかのぼると、スウェーデンの巨匠イングマール・ベルイマン監督の『ある結婚の風景』(73)も『ファニーとアレクサンデル』(82)も実はTVドラマだった。ベルイマンが脚本を担当し、カンヌ国際映画祭で最高賞のパルムドールに輝いた『愛の風景』(92)にもTV版がある。そんなスウェーデンも隣国デンマークも、映像業界の実力は高い。

日本では劇場公開された『ミレニアム』3部作にもTV版がある(日本では「完全版」と

スウェーデン製作『ドラゴン・タトゥーの女 ミレニアム〈完全版〉』

呼ぶ)。また近年では『THE BRIDGE/ブリッジ』(11〜)と『THE KILLING/キリング』(07〜12)は、それぞれアメリカで、『ブリッジ〜国境に潜む闇』(13〜14)と『THE KILLING〜闇に眠る美少女』(11〜14)としてリメイクされた。

カナダ編

アメリカの会社が作るドラマや映画であっても、北に面したカナダに拠点を置いて作るケースは非常に多い。理由は明確だ。アメリカでドラマや映画を作ると、俳優などの組合に所属する人々については報酬や労働条件のルールを厳格に守らないといけない。それに対して比較的融通が利くのが海外で、中でもアメリカに近いカナダで製作することでコストを浮かせようとする作品はとても多い。

理由はもうひとつある。カナダ各地の地方自治体はアメリカのドラマや映画のプロダクションを誘致することで、現地に雇用が生まれることを望んでおり、税制上、優遇されることがとても多い。こうして本来ならアメリカにあるべきプロダクションが国外に移る問題を「ランナウェイ・プロダクション」と呼ぶが、特に製作費が多くかかるアクションものやSFものがカナダでたくさん作られるうち、下請け仕事を通じてカナダのスタッフがアメリカのスタッフに負けない実力を備えるという現象が起きている。

トロントで収録されている『オーファン・ブラック　暴走遺伝子』(13〜)、バンクーバーで収録した『コンティニアム　CPS捜査班』(12〜15)などは、アメリカの外注ではなくカナダ独自の作品。これからもカナダ独自の面白いドラマは生まれ続けるだろう。

中南米編

スペイン語やポルトガル語が使われている中南米諸国。筆者はカリブ海にあるとはいえ英語圏であるバハマにしか行ったことがないので、この地域のTV事情をよく知らない。

しかし、気になるのは「テレノベラ」だ。直訳すると「TV小説」。ソープオペラ（アメリカのお昼のメロドラマ）のスペイン・ポルトガル語版だが、一時期は日本でもスーパー！ドラマTVがよく放送していた（ベネズエラの『カサンドラ／愛と運命の果てに』など）。

アメリカでもたまにリメイクされており、『アグリー・ベティ』(06〜10)はコロンビアの『ベティ〜愛と裏切りの秘書室』(99〜01)が原作。全米のザ・CWネットワークで14年から放送されている『ジェーン・ザ・ヴァージン(原題)』もベネズエラのドラマが原作だ。

アメリカではヒスパニック系が占める人口比が増えており、いずれ白人を抜き最も多い人種になると予測されている。筆者はアメリカ在住の映画評論家、町山智浩氏に教えてもらったが、アメリカTV界でもスペイン語で放送している「テレムンド」「ユニビジョン」は地上波ネットワークながら、英語の大手ネットワークよりも健闘しているという。

ラテン・パワーが新たな旋風を巻き起こすのか、今後はよりマークし続けたい。

アジア編

世界的なTVの多チャンネル化の流れはアジアにおいても、この日本だけでなく、香港を含む中国、韓国、台湾などにも確実に届いている。

たとえば韓国で作られた、いわゆる「韓流（ハンりゅう）ドラマ」や、中国や台湾など中国語圏で作られた、いわゆる「華流（ファーりゅう）ドラマ」が好評だ。しかし、これらは日本でも人気があり、たっぷりと紹介した書物やムックも多いので、本書ではあえて取り上げない。

1本だけユニークな作品を紹介しておこう。2012年、『Strangers 6（ストレンジャーズ6）』という、日本・韓国・中国の合作ドラマが作られた。巨大テロをこれら3カ国の各チームが合同で防ごうと挑むストーリー……なのだが、3つのチームは最後までほとんど仲よくならなかった。アメリカのドラマなら、アメリカのチームと他国のチームを強引にでも協力し合うように描くところだが、そうならなかったのは恐らく、アジアにおいて合作ドラマを作ることの難しさを象徴しているのではないだろうか。

ちなみに筆者がこのドラマで一番がんばっていると思ったのは、近年アクションのクオリティがとても上がっている韓国のパートだった。

『Strangers 6』

とにかく第1話を見まくろう

これから海外ドラマを楽しんでみたいという人に、いくつかアドバイスをしておきたい。日本のTVに慣れ親しんでいると、「えっ、海外ドラマってそうなの？」と思うことが、いくつもあるからだ。

まず、面白い海外ドラマを見つける最良の方法は、片っ端から第1話を見まくることだ。例外も多いが、海外ドラマの第1話は、続く各エピソードを製作する前に、それを放送するTV局や放送権の購入を検討している海外の放送局にとってサンプルとなる「パイロット版」として作られることが多い。だから作るほうも本気だ。

よりマニアックにいうと、第2話も見るのがベターだ。というのも、第1話の後、シリーズ化に向けての調整が成功した、いわば「例外」もあるからだ。

筆者の脳裏に浮かんでいるのは歴史バイオレンス・ドラマ『スパルタカス』(10〜13)。第1話は主人公スパルタカス(このシーズン1の収録後に難病にかかって世を去ったアンディ・ホイットフィールド)が剣闘士になるまでを描いたが、映画『グラディエーター』(00)や『300〈スリーハンドレッド〉』(07)の亜流のようで、筆者は当初乗れなかった。だがしばらく経って第2話を見ると、スパルタカスが剣闘士の養成所に入る展開で、そこで多彩な剣闘士候補が登場するのを見て、「面白い」と唸り、最終章『スパルタカスIII　ザ・ファイナル』まで楽しめた。

日本屈指の海外ドラマ通であるデーブ・スペクター氏(アメリカ出身なので「日本屈指」と呼ぶのもどうかと思うが)と何度か海外ドラマ談義をさせていただいたが、そのデーブさん

『スパルタカス』

も「(第1話だけでなく) 第2話も見たほうがいい」とおっしゃっていた。

ともあれ海外ドラマは、まずは片っ端から第1話を見てみるのが最良だろう。最近は様々な方法で第1話だけ無料で見られる場合も多い。

途中で見るのをやめてもいいのか

結論から言えば「OK」だ。

理由は色々とある。まず、どんな番組もその登場人物や舞台設定を通じて描けるストーリーには限度がある。番組を生んだスタッフがテーマをやり尽くしたと考え、終了前に番組から去るケースは非常に多く、大抵の場合、そのドラマは以前ほど面白くなくなる。

また前章で書いた通り、ファンにとってお気に入りの登場人物がいるかどうかは重要だ。何年も続いたドラマから初期の登場人物が卒業(物語上、急死や殉職である場合もある)をした時、番組の続きを見るモチベーションが下がるのは仕方がない。

ひとつ気になるのは、自分が見るのをやめた後、より面白くならないかという心配だが、そういう評判を耳にしたら、また見るようにすればいいだけのことだ。

第3章 アメリカのTVドラマの歴史

黎明期のTVドラマは演劇の生中継だった

第二次世界大戦が終わった後、大戦の混乱がもたらした低迷を埋め合わせるかのように、急激に成長を始めたアメリカTV界。TV放送の技術自体は数十年前から世界各国で研究されていたが、第二次世界大戦のせいで実用化は遅れた。

そんなアメリカTV界だが、どんな番組をどんな時間枠で放送するかという「編成」については、先行して成功を収めていたラジオ放送から多大な影響を受けた。別章でも紹介するが、各TVネットワーク自体、ラジオのネットワークを発展させたものだったことも大きい。そしてラジオで人気のジャンルは、TVでも人気を博すと考えられた。

ニュースはもちろん、トークショーもあれば音楽番組もあり、日本でいうバラエティもあった。そしてラジオドラマがあったように、TVでもドラマが放送される。

しかし最初は、スタジオで俳優たちが演じる短い芝居を生放送するという、いってみれば演劇の生中継に近い形態だった。恐らくはラジオドラマに只、映像が加わったようなものだったのだろう。内容も、一話完結形式で毎回異なる登場人物たちの物語を描いた。

とはいえ、アメリカにおいては1948年から1960年頃までを「TVの黄金時代(Golden Age of Television)」と呼ぶ。振り返るとこの時代、TV受像機はまだ庶民には手が届かない高価な商品で、大都市を除くと放送すらされていないエリアが全米中にあり、後のような大きい影響力がＴＶにまだ無かったにもかかわらず、だ。

それでも「黄金時代」と呼ぶのは、実験的な番組が多かったことや、後に開花する才能が集まり始めていたからだろう。当時も現在もＴＶドラマにとって重要なのは脚本だが、この頃はＴＶ界から名脚本家が多数生まれた。後に映画界でアカデミー賞を3度も受賞したパディ・チェイエフスキー、後にやはりアカデミー賞を2度受賞したホートン・フート、後に映画化されたドラマ『十二人の怒れる男』(54)のレジナルド・ローズ、ラジオからＴＶに転じてＳＦアンソロジー・ドラマの名作『ミステリー・ゾーン(トワイライト・ゾーン)』(59〜64)を手がけたロッド・サーリングなどだ。

また監督も、シドニー・ルメット、ジョン・フランケンハイマー、サム・ペキンパーがＴＶ界で働き、ロバート・アルトマンはＣＭ界にいた。いずれも後に映画界で才能を開花させる。

興味深いことにこうした面々の経歴を調べると、第二次世界大戦で従軍してから復員した後、ラジオやＴＶに仕事を求めた人材が多い。戦時中は抑圧されていた、表現したいという衝動が戦後になってようやく実を結んだのだろう。

一方、黄金時代であっても、先に大衆娯楽の王座に君臨していた映画の世界で働く人々から見ると、当時のＴＶドラマは映画よりもすべてが小さく、「電気紙芝居」と呼ばれた。

ドラマをフィルムで収録したことの意味

当時も現在もアメリカにおいて映像業界は「航空産業と並ぶ外貨獲得手段」といわれるほど重要な産業なのだが、やがて映画と同じようにフィルムを使ってＴＶドラマを収録する可能性が切り拓かれていく。

当時はまだ、映像記録技術「ビデオ」が無く、さらにＴＶカメラが大きくて重たくて屋外での収録に向いていなかったという事情もあって、ＴＶドラマの収録では映画のようにフィルムで撮影する手法が採用されていく。

観客の笑い声が聞こえるのを特徴とするシチュエーション・コメディ（「シットコム」と略される）の元祖というべき『アイ・ラブ・ルーシー』（51～57）は興味深い裏話が多い。

主演女優のルシル・ボールは生まれ育ったニューヨークを離れてロサンジェルスに引っ越し、そこでラジオ界から注目され、ＣＢＳラジオの30分ドラマ・シリーズ『マイ・フェイヴァリット・ハズバンド（原題）』（48～51）で成功する。ＴＶのＣＢＳネットワークはこのラジオドラマのTV化をオファー。この企画は他局からも注目されて争奪戦となるが、最後はCBSが契約にこぎつけ、『アイ・ラブ・ルーシー』(51〜57)となった。

ボールはCBSに対し、いくつかの要望を提示した。共演者はラジオ時代と異なり、夫役は実の夫デジ・アーナズを配役することがひとつ。また、当時のTVドラマはアメリカ東海岸に関してはニューヨークにあるスタジオから生放送するのが常識だったが、物語の舞台はボールとなじみが深いニューヨークであっても、映画界の仕事も両立させたいボールは西海岸のハリウッドで番組作りをすることを望んだ。

そして、広いアメリカには東海岸と西海岸の間には3時間の時差があるが、当時は東海岸の生放送をフィルムで撮影し、それを何時間か経ってから西海岸で放送していた。ならば、最初からフィルムで撮影すればいいとボールや周囲は考えた。

『アイ・ラブ・ルーシー』は贅沢にも映画と同じ、35ミリフィルムで収録した。後に日本のTV界では35ミリより情報量は少ないが廉価な16ミリのフィルムでドラマが製作される。16ミリや35ミリとはフィルムの幅のこと。つまり16ミリより35ミリのほうが情報量は多く、画質は高い。とはいえ、当時の放送技術のレベルからいって16ミリで充分だったはずだが、35ミリで撮っておけば後に再放送する際、16ミリにデュープ(フィルムからフィルムにコピーすること）をしても映像の劣化が少なくて済むと考えたのだろう。

この頃から、21世紀に入ってデジタル・ムービー・カメラが主流になるまで、全米ＴＶ界では多くのドラマが35ミリフィルムを当たり前のように使ってきた。ちなみに、海外ドラマよりも先に映画が好きだった少年時代の筆者が海外ドラマ（そして当時の日本のＴＶドラマ）に魅力を感じたのは、フィルムならではの映像の質感が好きだったからだ。

当然、35ミリフィルムを使った製作はコストがかかるが、主演のボールとアーナズの夫妻は自分たちのギャラをカットしてまで35ミリを使う収録を望み、彼らは代わりに番組の権利の80％をもらい受けた。以来、このドラマはコメディの名作として再放送され続け、夫妻（後に離婚したが）が亡くなった現在も利益を生み出し続けている。

スタジオに観客を入れて、その笑い声も聞かせるというシットコムの原型を作ったのが本作なら、出演者（ボール）の実生活での妊娠に合わせて彼女が演じる役も妊娠するという、後によく見られるケースも『アイ・ラブ・ルーシー』が最初だった。

番組の人気も凄いが（年間平均視聴率が全米トップを飾ったのは6年間のうち4年）、今なおＴＶの歴史に多大な影響を与えて大きく貢献した人物として語られる伝説的女優、それがルシル・ボールなのである。

さて繰り返しになるが、この時代、後のビデオ録画の技術がまだ無かったというのは重要で、フィルムで製作すれば国内での再放送が楽な上、アメリカから海外に輸出することも可能になった。日本のTV放送黎明期で海外ドラマは人気コンテンツになったが、フィルムで作られたからこそ、アメリカからたくさん輸入することができたのだ。

ドラマの興隆の追い風になった意外な事件

当時の全米TV界で西部劇ドラマと並んで最も人気が高かったジャンルは、バラエティだった。ミルトン・バール、エド・サリヴァンなどの名司会者たちがボードビル界のタレントをスタジオに招き、TVを通じて全米のお茶の間に笑いをふりまいた。

しかし、『アイ・ラブ・ルーシー』以来、ハリウッドのスタジオを使って収録するドラマが増えていく。それには、アメリカのバラエティを長期間にわたって衰退させるきっかけになった、ある大事件があったからだと筆者は考える。

映画『クイズ・ショウ』(94)が描いた実在の事件、「クイズ・ショウ・スキャンダル(Quiz show scandals)」だ。1950年代、TVが普及しだすと、一般人が巨額の賞金を狙うタイプのクイズ番組が流行する。だがもっと視聴率を稼ぎたい番組プロデューサーが、一部の出場者に裏でクイズの正解を教えるという不祥事が起きた。

NBCが放送していたクイズ番組『トゥエンティ・ワン（原題）』（56〜58）のプロデューサーのダン・エイライトは、ある出場者にそろそろ負けるようそそのかした上、魅力的な白人の大学講師チャールズ・ヴァン・ドーレンを出場させ、彼にある問題の正解を教える。当時、アメリカでTVを見ていたのは裕福な白人が中心で、ヴァン・ドーレンの勝利は視聴者を喜ばせるが、納得がいかない敗者は八百長を告発する。『トゥエンティ・ワン』以外に、同じNBCのクイズ番組『ドット（Dotto）』（58）でも、ある出場者がカンニングしていたと分かる。

こうしてクイズ番組を含む「ゲーム・ショー（Game show）」というタイプのバラエティはすっかり国民の信頼を失い、賞金を少なくしてお昼の時間帯に追いやられていった。

恐らくネットワークもCMスポンサーも、一般人をゴールデンタイムに出演させることにリスクを感じたのだろう。1960年代を通してバラエティの人気は凋落していき、代わって、きちんとしたシナリオをプロの俳優たちが演じるハリウッド産ドラマ（特にシットコム）がより台頭していった。

TVの「カラー化」を経て多様化したアメリカのドラマ

かつてはアメリカ市民の間で高嶺の花だったTV受像機の価格が、中産階級にも手が届くまでに下がると、TVは大衆文化をリードするほどの国民的人気を博すようになる。

そしてTV界において大きな変革が訪れる。先がけて映画界に訪れていた、映像の「カラー化」だ。世界で初めて作られた全編カラーの長編劇映画は1935年の『虚栄の市』だが、全米TV界でカラー放送が実用化されたのは遅れること約20年、1954年1月1日、NBCでのこと。日本ではさらに6年半遅れて1960年9月10日、当時の地上波のチャンネル3つが一部の番組をカラーで放送し始めた。

それまで白黒（モノクロ）だった映像に色が着くということの技術革新は、黎明期においてはシンプルな内容をよしとする「西部劇などの勧善懲悪ドラマ」「ホームドラマ」が当たり前だったTVドラマという表現に文字通り、より多彩な物語を描くことを可能にさせた。

とはいえ、どこの国でもカラーTV受像機はまだ値段が高く、普及したのは1970年前後。それでも豊かになった表現力に応えようと、全米TV界では番組の内容に変化が起きていった。また、時代は戦後生まれのベビーブーマーが成人になった頃。視聴者の中心が新しい世代に取って代わられだしたことも多彩な物語が求められる背景になった。そして従来からの人気ジャンルに加え、それまで無かったタイプのドラマが次々と生まれた。

それらは実は、当時のアメリカの世相とリンクしていたのかもしれない。冷戦時代で第三次世界大戦の危機が最も高まった「キューバ危機」、アメリカ社会全体を停滞させた「ベトナム戦争」、アフリカ系市民に対する差別に抵抗した「市民権運動」、女性の権利を訴える「ウーマンリブ運動」など、時代は大きく揺れ動いていた。そもそもマスメディアは「時代を映す鏡」である使命を背負っている。だからこそ、こうした時代の変化を受け入れるためにも、アメリカのドラマは多様化せざるをえなかったのである。

注目すべきは、カラー化のおかげでカラーTVが当たり前になった直後に生まれたドラマは、全米各地で繰り返し再放送され、その高い知名度をバネにし、後に映画化された作品が多いこと。TVはアメリカの大衆娯楽の原点になったのだ。

いくつか代表的な人気ジャンルを紹介したい。

犯罪捜査ドラマ

既に『ハイウェイ・パトロール』(55〜59)、『ドラグネット』(51〜59)、『アンタッチャブル』(59〜63)、『サンセット77』(58〜64)などのヒットドラマがあったが、「カラー化」によって売りであるアクションが迫力を増したことでさらに人気を高めた。

たとえば21世紀に『Ｈａｗａｉｉ　Ｆｉｖｅ－０』(10〜)としてリメイクされている『ハワイ５－０』(68〜80)は、空と海が美しいハワイでロケしたが、モノクロではロケの効果は極めて少なかっただろう。

１９６０年代後半から『ハワイ５－０』や『刑事コロンボ』(68〜78)などがヒットし、１９７１年、映画界で『ダーティハリー』(71)、『フレンチ・コネクション』(71)という２大刑事アクション映画が全米でヒットすると、１９７０年代から１９８０年代、アメリカＴＶ界は刑事・探偵ドラマの全盛期に突入するが、それらの全容はまさに一冊の本が書けるほど大きい。

スパイドラマ

第二次世界大戦後、アメリカとソ連が対立した「冷戦」の時代、映画『００７』シリーズの成功もあって人気を高めたのが、世界をまたにかけて活躍するエージェントたちを描いた「スパイもの」。小説などで戦前から人気があったジャンルだが、ＴＶ界においてもモノクロ時代から人気に。しかしＴＶのカラー化後はＳＦドラマと同様、よりスケール感を高めるのに成功した。『0011／ナポレオン・ソロ』（64〜68、15年に『コードネームU.N.C.L.E.』として映画化）、『それ行けスマート』（65〜70、08年に『ゲット・スマート』として映画化）、『スパイ大作戦』（66〜73、96年から『ミッション：インポッシブル』シリーズとして映画化）といった当時のヒットドラマの多くは、後に映画化されて再注目を集める。また、ロバート・カルプとビル・コスビーが主演した『アイ・スパイ』（65〜68、02年に映画化）は海外ロケを売りにし、日本ロケをしたエピソードもあった。

イギリスでも『秘密命令（秘密諜報員ジョン・ドレイク）』（60〜68）、『おしゃれ㊙探偵』（61〜69、98年に『アベンジャーズ』として映画化）、『プリズナーNo.6』（67〜68、09年にリメイク）などたくさん作られた。

戦争ドラマ

恐らくはドラマの製作費自体、TV放送の黎明期より増えたのであろう。戦争をモチーフとするビッグスケールの作品が増えていった。ヴィク・モロー演じるサンダース軍曹ら登場人物たちが人気を博し、劇中の台詞「チェックメイト、キング・ツー」がファンの間で流行した『コンバット！』（62〜67）はモノクロ時代からヒットしていたが、最終章となった第5シーズンはカラーで製作された。このドラマには後に映画界で鬼才と評されるロバート・アルトマン監督も参加していた。他にも同名映画をドラマ化した『頭上の敵機』（64

〜67）や、『ラット・パトロール』（66〜68）などが人気だった。

ＳＦドラマ

これまでにも『ミステリー・ゾーン（トワイライト・ゾーン）』、『アウターリミッツ』（63〜65）などのアンソロジーものや、子供向けの低予算ドラマを主流として定着していたが、スケールの大きい夢の世界を描くことが「カラー化」で容易となり、シーズン1はモノクロだった『宇宙家族ロビンソン』（65〜68、98年に『ロスト・イン・スペース』として映画化）と『原子力潜水艦シービュー号』（64〜68）はシーズン2からカラー化され、今も人気が高い名作『スタートレック（宇宙大作戦）』（66〜69）、『タイムトンネル』（66〜67）などが生まれた。

１９７０年代後半には、映画『スター・ウォーズ』（77）、『未知との遭遇』（77）の大ヒットをきっかけにしたＳＦブームによって、もう一度大きく注目を浴びるジャンルになる。

コメディドラマ（シットコム）

これも既に人気があったジャンルだが、１９６０年代に著しく多様化した。『じゃじゃ馬億万長者』（62〜71、93年に『ビバリーヒルビリーズ／じゃじゃ馬億万長者』として映画化）は従来のホームドラマの延長といえなくもないが、『ブラボー火星人』(63〜66、99年に『ブラボー火星人』として映画化)、『奥さまは魔女』(64〜72、98年に映画化)、『かわいい魔女ジニー』(65〜70)、『アダムスのお化け一家』(64〜66、91年に『アダムス・ファミリー』として映画化)はVFXや特殊メイクの使用を重視した、ビジュアル重視のコメディ。一部は映像のカラー化によってより人気が高まったはずだ。

リーガル(法律)ドラマ

正直にいって「カラー化」とは関係がなく、むしろ混乱する当時の社会情勢の中で注目を集めたのがこのジャンルだ。

弁護士が主人公の作品、検事が主人公の作品、判事(裁判官)が主人公の作品があるが、困った時に真っ先に頼りになる、弁護士を主人公にしたドラマが多い。

正義感にあふれる弁護士を主人公にした名作で、後に続編が作られた『弁護士ペリー・メイスン』(57〜66)、同様にTVムービーの連作のような続編も作られた『弁護士プレストン』(61〜65)などが生まれた。「弁護士ドラマ」などのリーガル・ドラマの伝統は、弁護士出身の名クリエイター、デヴィッド・E・ケリーが企画した『ザ・プラクティス/ボストン弁護士ファイル』(97〜04)と『アリー my Love』(97〜02)、近年日本の某ドラマに影響を与えたとも囁かれている『SUITS／スーツ』（11〜）などに受け継がれていくが、その萌芽は現在から半世紀も前、1960年代にあったということができる。

メディカル（医療）ドラマ

これもモノクロ時代から『ドクター・キルデア』（61〜66）、『ベン・ケーシー』（61〜66）などヒット作が続いたジャンルで、あまり「カラー化」とは関係がないが、アメリカ国民にとって医療の理想を描くことで人気が定着していった。

アメリカの医療事情は、実はけっしてよくない。先進国の中では比較的、平均寿命は短い。銃の所持が認められているのも原因のひとつだが、バラク・オバマ大統領が医療保険制度改革（オバマケア）を実現するまで、要は医療を受けることは費用がかかる割に効果が伴わないことが多いと考えられていたのだ。アメリカでドラッグストアが発展したのは、医師に診せる前に自分で病気を治そうとする人が薬を買い求めるからである。

だから視聴者が求めるのは、真面目で、優秀で、患者のことを大切にする医師である。アメリカのTVドラマで描かれる医師像は、かつてはヒーローのような存在だったのだ。

そして現在までアメリカでは、医療ドラマはずっと人気ジャンルであり続けている。

以上を見渡して分かる通り、「警官・刑事」「弁護士・検事・裁判官」「医師」といったように専門性の高い登場人物を描くドラマが多い。ある意味、「軍人」も「スパイ」もプロフェッショナルの職業だ。現代社会が舞台のドラマにアメリカ人が求める、理想的な主人公像なのだろう。事実、以後のアメリカTV史において、「犯罪捜査ドラマ」「リーガル・ドラマ」「メディカル・ドラマ」のヒット作が皆無という時代は訪れていない。

話を「カラー」に戻そう。

『コンバット！』のように、あるシーズンまではモノクロだったが、時代の変化に対応して次のシーズンからカラーになったという番組がこの頃はとても多かった。

たとえば日本でも大成功したシットコム『奥さまは魔女』はシーズン2まではモノクロだったが、続くシーズン3からはカラー化された。そしてカラーTVが当たり前になると、日本各地で再放送されるのはもっぱらシーズン3以降といういびつな事態を生んだ。とはいえ、主人公夫婦の赤ちゃんタバサの見せ場が増えたシーズン3以降のほうが実際人気は高い。ちなみに『奥さまは魔女』の初期、シーズン1・2は、後にコンピュータを使って着色（カラライズ）されており、現在、DVDやブルーレイなどのソフト方面や、BS・CS放送方面ではそれらが流通している。

新たなスタイル、ミニシリーズ

毎週放送するタイプのドラマではなく、短期間に集中的に放送するという、1970年代に生まれた「ミニシリーズ」という形態のドラマも、一部は日本でも注目を集めた。アフリカ系アメリカ人であるアレックス・ヘイリーが、自身の家系をアフリカにまでさかのぼったベストセラー実録小説をドラマ化した『ルーツ』（77、ちなみに2016年にフォレスト・ウィテカーやローレンス・フィッシュバーンらの共演でリメイクされる）は、アメリカABCで1977年1月23日から8日間連続で放送され、最終話の視聴率は驚異の51・1%をマーク。日本でもテレビ朝日系が同年10月2日から8日間連続、ゴールデンタイムで放送し、平均視聴率は20%を超えた。

テレビ朝日系は、第二次世界大戦中のナチス・ドイツによる愚行を暴いた『ホロコースト　戦争と家族』（78）も放送。これには若かりし日のメリル・ストリープも出演。

17世紀に来日したイギリス人の視点から江戸時代初期の日本を描いたベストセラー小説をドラマ化し、日本ロケまでした『SHOGUN　将軍』（80）もテレビ朝日系は放送。全米ではNBCで放送され、短く再編集した劇場公開版も作られた。

なぜミニシリーズという形態が生まれたか。当時の全米の地上波ネットワークは1年に20話以上作るドラマ・シリーズが基本だったが、ベストセラーをドラマ化する場合などエピソード数は少なくても充分で、ミニシリーズはそれに向いていたのだろう。

ミニシリーズという呼称は後の21世紀、TV賞方面を中心に、「リミテッド・シリーズ（限定的シリーズ）」という呼び名に置き換えられていく。これは恐らく、エピソード数を少なくすることで濃密な内容にしようと志したドラマが増えたこと、シーズン毎に内容が異なるドラマが増えたこと、また「ミニ（小さい）」という形容に対して実情は「大作」に近い作品が増えたからではないかと思われる。

日本で見落とされがちなシンジケーションの重要度

かつて米国産TVドラマは、一説によれば「初放送で回収できる製作費は約9割だけで、残りは米国のシンジケーションでの再放送で回収する」といわれた。

シンジケーションとは何か。邦訳すると「番組販売（番販）」だが、日本の場合、番組の著作権を持つTV局が他のTV局に放送権を売るなどにとどまり、やや限定的だ。

アメリカの場合、作られたばかりの番組が製作会社や配給会社からいきなり各局に番販されることもあるし、ケーブルTVも含めるとドラマの再放送の需要は非常に大きい。

話すと長くなるが、全米の各TV局（ネットワークの加盟局でも元々はローカル局であることが多い）は一定の割合でネットワーク以外から自局で番組を調達しないといけない放送枠があった時代がある。ネットワークが供給する番組が全米TV界を独占しかねない事態に対し、ハリウッドの各社がそれに対抗して議会に制定を呼びかけた「フィンシン・ルール（ファイナンシャル・シンジケーション・ルールの略）」の影響だ。巨大映像産業であるハリウッドの底力や影響力を感じさせる。

話を戻すと、最初は全米の地上波ネットワークで放送された番組も、シンジケーションや海外で放送されないと赤字に終わるケースが多く、それでもビジネスモデルとして成立したのは、シンジケーションのマーケットが巨大だからだ。

たとえば、ドラマではなくトークショーだが、1986年から25年も続いた『ジ・オプラ・ウィンフリー・ショー（原題）』は全米で平日午後に放送され、司会者オプラ・ウィンフリーを大物にしたが、世界150カ国近くに番販されたおかげもあり、司会兼プロデューサーでもある彼女の年収は2010年、3億ドルにも到達し、TV界でも最も稼ぐ人物となり、その3年前にはもう、全米で一番資産を持っている女性になっていた。

また、古くは『新スタートレック』(87〜94)もシンジケーションで初放送された。

オプラ・ウィンフリーは極端な例としても、1990年代はシンジケーションにおけるドラマの再放送権料が高騰し、『ER 緊急救命室』(94〜09)はシンジケーションだけで1話あたり120万ドルも稼いだ。一部の主要キャストのギャラが高騰したのもそれが理由だ。

全米TV界を揺るがした「第4のネットワーク」の出現

アメリカTV界は長年、民放地上波の3大ネットワーク、CBS、NBC、ABCに寡占されてきた。これらに属さないローカル局もあったとはいえ、この3大ネットワークがアメリカTV界を代表する顔だった。

それを根本から揺るがす「第4のネットワーク」が出現した。1986年に開局したFOXネットワークだ。

1990〜	2000〜
1990 年代中盤、木曜夜は他局を圧倒。	前世紀から一転してスランプに。
1990年代後半、かつての子会社「ヴァイコム」社に買収される。	2000 年代は犯罪捜査ドラマの成功で視聴率トップに。
1990年代後半 金曜夜の「TGIF」枠が好調。	『デスパレードな妻たち』など連続ドラマを重視。
1990 年代、アニメ『ザ・シンプソンズ』などがヒット。	『アメリカン・アイドル』が社会現象級の大ヒット。

FOXを生んだのは、オーストラリアが生んだ世界的メディア王、ルパート・マードック。まず自国の新聞業界を再編したマードックは、イギリスの新聞「タイムズ」を買収するなど、世界中の主要メディアを次々と傘下に収めた。マードックはアメリカで大手映画会社20世紀フォックスを買収したのに続き、第4の地上波ネットワークであるFOXを開局してみせた。

ドラマ『ビバリーヒルズ高校白書』（90〜00、シーズン4以降の邦題は『ビバリーヒルズ青春白書』）、アニメ『ザ・シンプソンズ』（89〜）、全米各地の警察に密着したドキュメンタリー『全米警察24時 コップス』（89〜）、凶悪犯罪の容疑者が起こした犯罪を紹介し、逃亡中の容疑者に関する情報提供を視聴者に呼びかけた『アメリカズ・モスト・ウォンテッド（原題）』（88〜12、日本未放送）など、意欲的アイディアの野心作（時に過激で下品という批判を受けることも）を放ち、たちまち「第4のネットワーク」として定着した。

FOXはその後も『X−ファイル』（93〜02）、『アリー my Lov

全米地上波4大ネットワークの歴史

			1970〜	1980〜
NBC	1939年4月30日開局	1954年、一部の番組をカラー化。		1985年、視聴率トップに。
CBS	1941年7月1日開局	1960年代、視聴率トップを独走		
abc	1948年4月19日開局	スポーツ中継に力を入れる。	1970年代初めて視聴率トップに。	
FOX	1986年10月9日開局			1987年から週末のみの全国ネットを開始。

e』、『24 —TWENTY FOUR—』(01〜14)などの日本でもヒットしたドラマや『アメリカン・アイドル』(02〜16)などのリアリティ・ショーを産み出し、既存の3大ネットワークを脅かすほどの人気ネットワークとなる。

TV史上最大の革命、それはケーブルTVの出現

「第4のネットワーク」、FOXの出現以上に大きかったのは、ケーブルTVの定着とそれによって実現した「多チャンネル化」だ。

たとえばある時期まで日本でも、東京などの大都市では、「NHK総合テレビ」「NHK教育テレビ」「日本テレビ系」「TBS系」「フジテレビ系」「テレビ朝日系」、地方によっては見られないエリアも多いが「テレビ東京系」、プラス独立系ローカル局(神奈川県のテレビ神奈川や兵庫県のサンテレビなど)といったような、6〜8チャンネル(地方によってはもっと少ない)しか見られないのがTVだと考えられてきた。

しかし米国のケーブルTVは、いきなり100チャンネル以上見られるTVを実現してしまった。従来の地上波ネットワークの編成がデパートのように、ニュースからドラマまで多彩な品揃えを売りにしたのに対し、ケーブルTVはニュースならニュース、音楽なら

音楽など、専門性の強さを売りにした店舗が並ぶ、まるでショッピング・モールのような在り方にＴＶを変えてしまった。

アメリカについては、ニュース専門のＣＮＮ、ＢＢＣワールドニュース、ＦＯＸニュースなど、スポーツ専門のＥＳＰＮなど、音楽専門のＭＴＶなど、アニメ専門のニコロデオン、カートゥーン ネットワークなど、ドキュメンタリー専門のヒストリー チャンネル、ディスカバリーチャンネル、ナショナル ジオグラフィック チャンネルなど、動物番組専門のアニマルプラネットなど、コメディ専門のコメディ・セントラルなど、専門性に特化したチャンネルが次々と誕生して好評を博し、現在に至っている。

そうして生まれた多彩なチャンネルの中から、他のチャンネルとの差別化をめざそうと、オリジナル番組、中でもドラマを売りにするチャンネルがいくつも生まれ、そこで放たれた話題作の数々が世界的にも流通するようになり、人気を博すようになったのだ。

ちなみに、アメリカではケーブルＴＶ以外にも多チャンネルを見ることはできる。日本の「スカパー！」のようなデジタル衛星放送のサービスが「ディレクＴＶ」などある。ちなみにデジタル衛星放送の別称は「ディッシュ」という。受信用のアンテナが「皿(ディッシュ)」のように見えるからである。

プレミアム系チャンネル「HBO」出現の衝撃

かくして米国のケーブルTVでは多数のチャンネルが生まれたが、ケーブルTVの受信契約を結ぶと自動的に見られる「ベーシック系」の各チャンネルがメジャーになる一方で、契約世帯が別途視聴の申し込みをせねばならない上、毎月支払う視聴料が他のチャンネルよりも高い「プレミアム系チャンネル」が台頭する。

その筆頭がHBOだ。当初は他のチャンネルよりも早い新作映画の放送、音楽ライブやスポーツ試合の中継を売りにし、ある程度の成功こそ収めたが、それらが目玉では、見たい番組がある月だけ加入するという視聴者が生まれるという傾向があり、成長は天井にぶつかってしまう。そこで毎月契約し続ける世帯を増やそうと進出したのが、オリジナル番組、中でも連続TVドラマの製作だった。

日本でもそれまで海外ドラマを見なかった女性ファンを一気に巻き込んだ『SEX AND THE CITY』(98〜04)が、このチャンネルの勝負作だったのは重要だ。現在はなんといっても、ファンタジー大作『ゲーム・オブ・スローンズ』(11〜)を語らない訳にいかない。TV界のアカデミー賞であるエミー賞(後述する)で、今やHBOは最強の常連である。

動画配信サービスが注目を集める現在だからこそ、HBOはいわば全米TV界の最後の牙城として、その価値をさらに高めている。

HBOの歴史は調べれば調べるほど面白いので、後で詳しく解説したい。

ビンジ・ウォッチング＝イッキ見の楽しみ方

TVドラマには、各話で事件・問題が解決する「一話完結形式」と、各話のストーリーが次回に続く「連続形式」がある。

アメリカでは前者の「一話完結形式」が圧倒的に多かった。一話ぐらい見逃がしたとしても次回見ればまだ理解できる位のTV番組のほうが、視聴者としては付き合いやすい。

しかし、1980年代あたりから、お昼の連続メロドラマ「ソープオペラ（Soap opera）」の夜版のような『ダラス』（78～91）、『ダイナスティ』（81～89）などがヒットし、事件が解決しないで捜査が次回以降も続く警察ドラマ『ヒルストリート・ブルース』（81～87）などが高い評価を受けると、「一話完結形式」と「連続形式」を組み合わせた作品が少しずつ増えていったが、それでも1990年代までは圧倒的に「一話完結形式」が強かった。

ドラマやアニメのあるシーズンを、一気に見終えてしまうことを日本では「イッキ見」

というが、アメリカでは「ビンジ・ウォッチング(binge-watching)」と呼ばれる。ちなみに英単語のビンジ(binge)は「度を過ぎた楽しみ」、転じて「どんちゃん騒ぎ」という意味で、ドラマに夢中になってはまった人はヤバい、ということだろう。

筆者がアメリカ在住の映画評論家、町山智浩氏に聞いたところによれば、日本でも人気が高い「連続形式」ドラマの革命児、『24』がアメリカで「ビンジ・ウォッチング」が流行するきっかけになったという。筆者も『24』は毎週1話ずつ見るドラマではないと思っていたので、とても納得がいった。

HBOでも、最初は「一話完結形式」と「連続形式」を組み合わせたドラマが多かったが、視聴契約を毎月続けてほしいケーブルほど、やはり「連続形式」が向いていたようだ。

そして地上波も、『24』のFOXに続き、ABCも『LOST』(04〜10)あたりから「連続形式」に力を入れていき、他の老舗、NBCは、『ブラックリスト』(13〜)や『ブラインドスポット　タトゥーの女』(15〜)、CBSは『SCORPION/スコーピオン』(14〜)といった、「一話完結形式」でありながら「連続形式」のように中毒性の高いアクションドラマに挑み、ケーブルのヒット作との住み分けに成功している。

静かな変化だったが、意義があった高画質化

ここで話は少しそれるが、映画もＴＶも「高画質化」を続けるメディアである。映画界で使われてきたフィルムの歴史を記すと、それだけで一冊の本が書けてしまうほどだが、ここでひとつ指摘すると、筆者の個人的見解では１９８０年代、映画の撮影用フィルムが感度を上げ、従来よりも少ない光量で撮影できるようになったのは大きかった。

事実、日本の富士フイルムが１９８０年に発売した映画用カラーネガフィルム「Ａ２５０」は世界最高感度を実現し、同社は第54回アカデミー賞の科学技術賞に輝いた。

実際に見比べると分かるが、夜の屋外で撮影した場面は、１９７０年代以前と１９８０年代の映画では後者のほうが圧倒的に明るい。特にハリウッド映画では夜の街で輝く原色のネオンサインという記号的な表現を頻繁に見るようになった。

話をＴＶに戻すと、アメリカのドラマが収録で使うフィルムの品質が向上すると、たとえば室内のセットに変化が起きた。どの作品が最初だったか、筆者は不勉強で特定できないが、従来は無かった天井がある（上方からの証明を必要としない）セットが増えた。

また、ＴＶ界では映像の質を高める「ハイビジョン」の研究が進んだ。海外では高画質

（High Definition Video）の略称で、「ＨＤ」や「ＨＤＴＶ」と呼ぶ。日本の「アナログハイビジョン」「ワイドクリアビジョン」は、最終的に世界規格の「デジタルハイビジョン」に取って代わられた。詳細は省くが、アメリカでは映画もＴＶもさらなる高画質化が続いた。

前置きが長くなった。筆者が何を言いたいかというと、アメリカのドラマ業界は常に最先端、もしくは次世代の技術を使って番組作りを行っており、多岐にわたる二次使用が可能だ。だからこそ、ヒットドラマは何十年も愛され続けることができるのである。

急激に巨額の資金が世界中から米国のドラマ業界に流入

アメリカのＴＶ界において、急激にビジネスモデルの変容が起きる。まず、海外のマーケットの拡大だ。「多チャンネル化」はアメリカや日本だけで起きた訳ではなく、ヨーロッパなどの先進国やその他の世界中の各国でも普及していった。

さらには、ビデオ、ＤＶＤ、ブルーレイといったソフト業界からも収益が上がりだす。米国内においても、たとえばＨＢＯに加入していない世帯がヒットドラマ（『ＳＥＸ ＡＮＤ ＴＨＥ ＣＩＴＹ』『ザ・ソプラノズ　哀愁のマフィア』など）を、セルＤＶＤを買って見るといった、新たな消費行動を生むようになった。

要はドラマという映像ソフトが、製作された本国における初放送以外でも巨額の二次使用料を獲得できるようになり、本国での初放送で回収できる初期投資はほんの一部でよく、世界的に流通することのほうが重要という、いわば「逆転現象」が起きたのだ。

実際、アメリカのドラマの中には、番組を作ると発表して事前に世界中にセールスした段階で、100カ国以上から発生する放送権料だけで製作費の大部分を回収するか、もしくは黒字（利益）を生んでいると思われるドラマはけっして少なくない。そこに「動画配信サービス」の台頭が加わる。

また、世間で話題になっているのはもっぱら新作ドラマだが、動画配信サービスで旧作が配信されることも多く（第四章で紹介する「海外ドラマ四天王」など）、過去の作品（ライブラリーと呼ぶ）が充実している会社にとって動画配信サービスは新たなビジネスチャンスだ。

本当に地上波の時代は終わったのか

以上を通して、全米TV界では地上波よりもケーブルTVが優勢で、しかも動画配信サービスがその牙城を脅かしていると考える読者は多いのではないだろうか。

だが、事態はそれほど単純でもない。

まず地上波だが、ケーブルを通じて全米に配信されることで、一世帯あたりひと月あたりわずかな額とはいえ再配信料を得ており、広告収入以外の重要な収入源になっている。総額は年計だと巨額で、いわばベーシック系チャンネル（後述）の一部のようになっている。

CM付きで放送することで広告料を得るという従来の地上波のビジネスモデルは、確かに崩れつつあるのかもしれない。しかし、全米でケーブルTVが高い普及率を維持している間は、やはりTVの先駆者である地上波ネットワークは、得られる利が多い。

だからこそ動画配信サービスは、地上波で放送しにくそうな、オリジナルの刺激的なドラマ・映画・ドキュメンタリーを積極的に配信しているが、長い目で見るとライブラリーの配信も重要で、TVと動画配信サービスは共存するのではないかと筆者は考える。

アメリカの地上波ネットワークも、実際は巨大なコングロマリットの中の子会社だ。コングロマリット全体の収益を増やすという方向性のもと、子会社としての方針は移り変わり続けている。そしてドラマというコンテンツが最大限の収益をもたらすよう、地上波、ケーブル、動画配信サービス、ブルーレイなどのソフトのアウトプットを効率よく組み合わせることで、コングロマリット全体が効率よく利益を上げることが最重要視されている。

これを異なる視点から表現すると、やはり「バブル」だ。どのコンテンツをどうアウトプットするのか、最適のビジネスモデルはまだ見つかっていないはずだ。しかし、そこに高い将来性があるからこそ、世界中から投資が相次いでいるのだ。

「時間泥棒」たちと豊かに付き合う関係

一方、けっして無尽蔵ではない要素がある。それは消費者が使える「時間」だ。

全世界で数億人がインターネットでつながっているとしても、一方でつながっていない人がその何倍もいる。そこが、海外ドラマを始めとする映像コンテンツがどれだけの収益を得られるかの限界点（リミット）になるだろう。

可処分所得ならぬ「可処分時間」を、大小の競争者（コンペティター）たち、いわば「時間泥棒」たちが奪い合うという、熾烈なサバイバル・レースはもう始まっている。

しかし、余生を豊かに過ごしたいと望んでいる人々（筆者も含む）にとっては、すべてを予測できないことも含めて、これほど面白い時代は無いというのもまた確かな事実だ。

これからドラマは従来のようなドメスティックな娯楽ではなくなり、先んじていた映画のように、ボーダーレスな娯楽になっていくだろう。海外ドラマを楽しみたい日本人も、日本でドラマを作って世界に飛び出したいアーティストも、そんな日本発のドラマを海外で待っている人も、みんながわいわいと盛り上がってほしいと願うばかりである。

第4章

日本における海外ドラマの歴史

日本のゴールデンタイムで海外ドラマが当たり前のように放送された時代

アメリカに続いて、興隆を始めた頃の日本のTV放送の歴史を話そう。

日本で最初にTV放送を開始したのはNHKで、1953年2月1日午後2時からだった。同年8月28日には日本テレビが初の民放のTV局として開局する。

しかし、当時はまだTVという産業自体が始まったばかりの時代。実は海外もそう変わらないのだが、最初は一日のうち数時間しか放送せず、各局が自前で番組を作ることすら困難だったため、海外（事実上米英がほとんどだったが）から輸入した番組を多数放送するようになる。中でも人気を集めたのが、アメリカのドラマだった。

日本における海外ドラマの歴史は、1956年（昭和31年）、KRT（後のTBS）が『カウボーイGメン』（52〜53）を放送開始したことで幕を開けた。放送されたのが同年4月28日だったため、日本では2013年からこの日が「海外ドラマの日」になった。

1956年に日本上陸した海外ドラマは11本。全国の世帯にあるTV受像機の台数は、年末になってようやく30万台に到達した。

そして海外ドラマは前章で記した通り、フィルムで輸入されることが多かった。だから海外ドラマを「外国TV映画」と呼ぶことが多かった。むしろ、「海外ドラマ」という呼び名が定着したのはずっと後の1990年代、ヒット海外ドラマをいくつか放送したNHKがそう呼んでからで、昔から見ているファンにとって「海外ドラマ」は新しい単語だ。

TV放送黎明期にヒットした海外ドラマは、NHKの『ハイウェイ・パトロール』(55〜59)、KRTの『スーパーマン』(52〜58)、『名犬ラッシー』(54〜74)、『ローン・レンジャー』(49〜57)など。特に『スーパーマン』は、TV受像機がある世帯が少なかった時代とはいえ、60・7%という全番組中第1位の高視聴率を記録したことがあった。

海外ドラマの日本語吹替も同じ頃に始まったが、多くは生放送だった。生放送中にある声優がトイレに行って戻らず、別の声優が代わりにその役を演じたといった類のトラブルは後を絶たなかったようである。

NHKは当初、なぜか吹替ではなく字幕を付けて海外ドラマを放送。しかし当時のTVの小さな画面だと字幕は読みづらく、NHKも吹替を採用するようになっていった。

1959年に上陸した海外ドラマは全部で41本と、前年の18本を大きく上回った。理由は、2月にNET(後のテレビ朝日)、3月にフジテレビが開局したからで、後発のTV局として番組制作能力がまだ低かったNETとフジテレビは、海外ドラマに頼らざるをえなかったからである。視聴率ベストテンのうち、なんと5本前後を海外ドラマが占めた。

こうした「第一次海外ドラマ・ブーム」は1956年あたりから、日本に上陸する海外ドラマの本数が20本を割った1969年あたりまで10年以上も続いた。

最重要視されたのは「家族揃って見て楽しめるドラマ」だった

日本で当時ヒットした海外ドラマに共通していえることは、いずれも家族揃って見て楽しめる番組だったことだ。そもそもアメリカ本国でも、そうした番組が多かった。

国産のTV受像機第1号は1953年1月15日（NHKが放送を開始する半月前）、シャープが発売したが、画面のサイズはたった14インチなのに値段は17万5千円。大卒初任給が8千円だった時代で、庶民にとっては高嶺の花だった。一部のTV受像機は、画面の前に扉が付いていたほどだ。

「TV受像機が一家に一台あればかなり裕福」な時代だったのだ。だからTVを手に入れられない人々が繁華街に置かれた「街頭テレビ」を囲み、TV受像機がある近所の家に大勢の子供が集まるという光景は、日本中のどこでも見られることができた。

そこで求められたTV番組、中でも海外ドラマは、誰が見ても楽しめる以下の3タイプに集中した。

勧善懲悪ドラマ

代表的なのは、最も人気が高かった『スーパーマン』。後年も映画化やドラマ化が相次ぐ人気アメリカン・コミック（アメコミ）を初めてTVドラマ化した、空想科学アドベンチャードラマである。しかしスーパーマン／クラーク・ケント役の俳優ジョージ・リーヴスは番組の全米放送終了から約1年後、スーパーマン役の強過ぎるイメージから脱することができず、そのせいで自殺してしまったというのが定説になっている。

当たり前だが、当時家族揃って見られるドラマが「勧善懲悪」でないはずがなく、勧善懲悪はこれから紹介する「ホームドラマ」「西部劇」でも大きな特徴になっている。

また「名犬もの」と呼んでよさそうな『名犬ラッシー』や『名犬リンチンチン』（54〜59）もここに含められる。前者はホームドラマ、後者は西部劇に分類できるが、主人公の少年が危機に巻き込まれると愛犬が助けにくるというのはやはり勧善懲悪的だ。

ちなみ、これら2番組は犬をペットとして飼う習慣自体まで日本全国で流行させた。

ホームドラマ

前章で紹介した『アイ・ラブ・ルーシー』（51〜57）と姉妹編の『ルーシー・ショー』（62〜

68)、アメリカの人気ラジオドラマをＴＶ化した『パパは何でも知っている』(54〜60)、『ビーバーちゃん』(57〜63)、映画『地上より永遠に』(53)でアカデミー賞の助演女優賞に輝いたドナ・リードが主演した『うちのママは世界一』(58〜66)、『パパ大好き』(60〜72)など。
多くが恋愛結婚(日本ではまだ珍しかった)したパパとママ、彼らの間に生まれた子供たちを描くシットコムだった。

家族揃って見るのがＴＶだった時代、ＴＶドラマが家族を題材にすることは極めて自然で、倫理面ではどうしても優等生向けになりがちだったが、お茶の間の家族一人一人が自分に近い登場人物を見つけて感情移入できる点、最も手堅いフォーマットだった。

同時に、第二次世界大戦が終わってから結婚した親の世代と、彼らがたくさん生んだ「ベビーブーマー」と呼ばれる子供の世代という、二つの世代の交流自体が社会の関心を呼んでいた時代だったことも大きい。

西部劇

当時はＴＶ界だけでなく映画界でも西部劇は人気で、米国流エンターテインメントとしても重要なジャンルなので特筆しておきたい。

TVで西部劇ドラマが放送されるようになったのは、ラジオやB級映画の世界で西部劇が人気を博していたからだという。人気ラジオドラマをTV化した『ガンスモーク』(55〜75)などをきっかけに人気のジャンルとなって大量生産されるようになり、1958〜59年のシーズンでは全米視聴率トップテンのうち7本(8本説もあり)を西部劇が占めた。

全米で放送された作品数でいうと1959〜60年度の30本が頂点。しかし当初は比較的少なくて済んだ製作費は高騰した。一方、多くのTV西部劇は30分番組だったが、1時間ドラマが増加すると30分ドラマは物足りないと思われるようになり、本数が増え過ぎたことが重なって、減少したというのが定説になっている。3年後には本数が一桁にまで減ってしまった。

多くのTV西部劇は西部開拓時代の「インディアン戦争」の末期、1860年前後の物語だった。開拓民=善、先住民=悪という単純な構図は、現在なら人種差別的として問題視されるだろうが、後の『ドクター・クイン　大西部の女医物語』(93〜98)ではずっと改善されていた。時代に合わせることで、まだ発展が可能なジャンルなのかもしれない。

なお、当時の大ヒットTV西部劇『ローン・レンジャー』や『マーベリック』(57〜62)はずいぶん後になって映画化されたが、全米各地で何度も再放送され続けた結果、若い観客も含めて知名度が高いという事実が映画化につながったように思える。

日本のTV界の成長を受けて「氷河期」に突入した海外ドラマ

さて一方、日本のTV界における国産ドラマの製作状況はどうだったか。

やはりドラマはスタジオから生中継する、もしくはビデオで収録するのが基本で、フィルムを使って屋外で撮影するドラマも少なくはなかったが（子供向けの『月光仮面』など）、フィルム作品の製作が得意な映画界の協力を得がたいという難しい状況が続いた。

そもそも日本映画界で主要な映画会社は、自社のスターや監督が他社に引き抜かれることを禁じる「五社協定」を結んでいた。さらに、TVの台頭を受け入れがたかった各映画会社はこの協定のもと、TVドラマにも自社のスターを貸し出さなかった。

しかし、五社の中で大映が倒産し、日活が成人向けのロマンポルノを製作するようになると、いよいよ日本映画界の衰退は加速し、「五社協定」は自然消滅した。

並行して1958年の東映を皮切りに、各映画会社はTVドラマの制作部門を持つようになり、人気が高い映画スターを主演に迎えたドラマが堰を切ったように作られるようになる。そのおかげで日本のTV界はドラマなどオリジナル番組のクオリティを上げることが可能になり、反比例して海外で作られた番組の人気はぐんぐんと下がっていった。

こうして1960年代が終わる頃には、「第一次海外ドラマ・ブーム」は終わってしまったのだった。

それでも少数精鋭の海外ドラマが上陸に成功

しかしその後も、多くが深夜枠に追いやられたとはいえ日本上陸を果たした海外ドラマは少なくなく、過去のヒット海外ドラマもしばらくは平日午後枠や深夜枠で再放送された。中でもNHKは健闘したといえよう。今もBSやCSで再放送されることが多いピーター・フォーク主演の『刑事コロンボ』(68~78)はこの頃でも日本のファンにも親しまれ、ホームドラマの『大草原の小さな家』(74~82)も全国のお茶の間で愛された。

とはいえ、1960年代の盛り上がりに比べると海外ドラマそのもののマイナー化は否めず、筆者は1970年代から1980年代までを「海外ドラマ氷河期」と呼んでいる。

それでも海外ドラマが健闘したケースを少し紹介しておこう。

先述した通り、NHK総合テレビは比較的コンスタントに海外ドラマを放送したし、民放のゴールデンタイムでも2つの枠が奮闘した。日本テレビ系(但し地方によってはネットしなかった場合も）の日曜夜10時30分枠と、TBS系（これも地方による）の火曜夜10時00分枠だ。前者では『チャーリーズ・エンジェル』(76〜81)、『地上最強の美女！ バイオニック・ジェミー』(76〜78)などが、後者では『刑事コジャック』(73〜78)、『刑事スタスキー＆ハッチ』(75〜79)などが人気だった。

注目すべき現象は、前章で述べたようなアメリカにおける刑事・探偵ドラマのブームは、少しスケールダウンしつつも、日本には数多く輸出され続けていたこと。実際、21世紀に入ってもこのジャンルは世界的に根強い人気に支えられることになる。

他にも、日本テレビ系では『超音速攻撃ヘリ　エアーウルフ』(84〜86)が、テレビ朝日系では、いずれも「日曜洋画劇場」枠から放送が始まった『ナイトライダー』(82〜86)や『特攻野郎Aチーム』(83〜87)がそれぞれヒット。また、関東に関しては1970〜80年代、民放で最も海外ドラマの放送に力を入れていたテレビ東京系（放送されていない県もあったが）の『ファミリー・タイズ』(82〜89)、『特捜刑事マイアミ・バイス』(84〜89)にも熱心なファンがいた。ちなみに後者は筆者にとっての生涯ベストワン海外ドラマだ。

前章で紹介したようなベストセラーが原作のミニシリーズ、『ルーツ』(77)も大反響を呼んだ。

1990年代、2つの新しいメディアが状況を変えた

筆者が「海外ドラマ氷河期」と呼ぶ時代は、1990年代、2つの新しいメディアの出現によって終わりを迎えた。

ひとつはレンタルビデオ（後にレンタルDVDに代わる）。後の2009年にリメイクされるSFアクション・ドラマ『V』（83〜84）が大ヒットした。その後も世紀末にふさわしく、超常現象や怪事件を描くSFサスペンス『X－ファイル』（93〜02）も話題の的に。とはいえ、海外ドラマが当たり前のようにビデオ化・DVD化（合わせて「ソフト化」と呼ぶ）されるようになるのはもっと後、20世紀終盤を待つことになる。

もうひとつは、放送衛星を使ったBS放送。映画界の鬼才デヴィッド・リンチ監督が製作総指揮を務めた『ツイン・ピークス』（90〜91）は、開局したばかりのJSB（後のWOWOW）で初放送。先行して人気が高かったレンタルビデオの店舗で「貸出中」の札が外れないことにいらいらとしたファンが多数JSBに加入し、小さな社会現象ともいうべきヒットを記録した。

『ツイン・ピークス』

ＢＳ放送は、ＮＨＫの衛星第１（現・ＢＳ１）と衛星第２（現・ＢＳプレミアム）、ＪＳＢの３局が基本だったが、それでも全国放送のＴＶが３チャンネルも増えたことは、日本における多チャンネル化の先駆けとして重要である。

そんな１９９０年代は、まずはＢＳ放送で放送された作品、続いてレンタルビデオでリリースされた作品、そして地上波で放送された一部の作品が、従来の海外ドラマ・ファンに加え、若い新しいファンを取り込んでいった。

たとえば、最初にＮＨＫ衛星第２で放送された『ビバリーヒルズ高校白書』（90〜00、シーズン４以降の邦題は『ビバリーヒルズ青春白書』）は、後に地上波のＮＨＫ教育テレビで放送されてブレイク。さらにＮＨＫ総合テレビへと移り、さらに人気を博した。

今だから明かすが、『ビバリーヒルズ高校白書』という邦題は筆者が考えたものだ。当時頻繁に取材させていただいていたＮＨＫのご担当の方から、『ビバリーヒルズ高校物語』というドラマをやると教えられた筆者は、トム・クルーズが主演した映画『卒業白書』（83）に引っかけて、『高校白書』はどうですかと提案したら本当にそうなってしまった。

同じくＮＨＫ衛星第２は、今もメディカル・ドラマの金字塔と名高い『ＥＲ　緊急救命室』（94〜09）を放送。製作会社のひとつはハリウッドの大物、スティーヴン・スピルバーグ監督率いるアンブリン社のTV部門。面白いことに、後に一部のチャンネルがそうやって『24 —TWENTY FOUR—』(01〜14)を放送したように、NHK衛星第2は『ER　緊急救命室』のシーズン1を24時間ぶっ続けで再放送し、一部で話題になった。これも後にNHK総合テレビで放送された。

『ツイン・ピークス』で躍進したWOWOWはさらに、『ビバリーヒルズ高校白書』のスピンオフ『メルローズ・プレイス』(92〜99)、全米で国民的番組になったコメディ『フレンズ』(94〜04)、『ER　緊急救命室』のスタッフが新たに警察・救命士・消防士のアンサンブルを描いた『サード・ウォッチ』(99〜05)などを放送し、海外ドラマ好きのニーズに応えた。

本格的なTVの「多チャンネル時代」が到来

そして1996年9月30日、「パーフェクTV!」(後に「スカイパーフェクTV!」を経て現在の「スカパー!」となる)がサービスを開始する。衛星放送だがたくさんのチャンネルが見られる画期的なサービスで、これによってアメリカと同じように、専門性の高いチャンネル群を日本全国で見られるようになった。

ちなみにアメリカのようなケーブルTVも「J:COM(ジェイコム)」などが普及し、

多くのチャンネルはそれらでも見られる。

待望の海外ドラマ専門チャンネルがいくつか誕生した。スーパーチャンネル（現・スーパー！ドラマTV）、AXN（現・AXN　海外ドラマ）、FOX、ミステリチャンネル（現・AXNミステリー）を筆頭とし、海外ドラマ専門ではないながらも、LaLaTV（現・女性チャンネル♪LaLaTV）、チャンネル銀河（現・チャンネル銀河　歴史ドラマ・サスペンス・日本のうた、但し2016年8月の時点でスカパー！プレミアムサービス光では放送していない）なども、日本初上陸の海外ドラマを放送するようになった。

他にも一部の映画専門チャンネルでも海外ドラマは見られ、競馬専門チャンネルのグリーン・チャンネルまでがカナダ産ドラマ『ハートランド物語』（07〜）を放送し始める。

簡単にではあるが、各専門チャンネルの紹介をしよう。

スーパー!ドラマTV

開局:1989年9月1日

「パーフェクTV!」(現・スカパー!)のサービス開始よりも早く、当初は全国のCATV向けに配信をしていた、日本における海外ドラマ専門チャンネルの老舗。日本初上陸となる最新全米ヒットドラマから、『スタートレック』の各シリーズといった名作まで、バランスよく番組をチョイスしている。他局での放送が途中で終わってしまった、『ダラス』(78~91)、『ザ・ホワイトハウス』(99~06)、『WITHOUT A TRACE/FBI 失踪者を追え!』(02~09)の日本未放送分を放送したことでもファンから評価を受けている。

近年も、『GRIMM/グリム』(11~)、『ブラックリスト』(13~)、『SCORPION スコーピオン』(14~)といった最新全米ヒットドラマを放送している。

主要な過去の日本初放送作品/『OZ/オズ』(97~03)、『シックス・フィート・アンダー』(01~05)、『THE OC』(03~07)、『ゴシップガール』(07~12)、『THE WIRE/ザ・ワイヤー』(02~08)、『HEROES/ヒーローズ』(06~10)、『スピン・シティ』(96~02)、『ビッグバン★セオリー ギークなボクらの恋愛法則』(07~)、『THE KILLING/キリング』(07~12)、『THE BRIDGE/ブリッジ』(11~、18年に続編製作予定)

AXN 海外ドラマ

開局：1998年6月1日

当初の局名は「AXN アクションTV」。元々は映画会社ソニー・ピクチャーズのTV部門が1997年から世界各地でケーブルTVや衛星放送向けに開局した「AXN」の日本版。当時の他国のAXNと同様、アクションを重視した娯楽派ドラマや映画を中心にした編成で、現在も日本初上陸となる最新の全米ヒットドラマ、BSで日本初放送されたドラマのCS初放送が好調。このチャンネルも、他局での放送が途中で終わってしまった『刑事ナッシュ・ブリッジス』(96〜01)、『ヤング・スーパーマン』(01〜11)の日本未放送分を放送してくれた。近年になってアメリカの2大TV賞、エミー賞とゴールデン・グローブ賞の授賞式を生中継するようになったのも熱心な海外ドラマ好きには頼もしい。

主要な過去の日本初放送作品／『VIP』(98〜02)、『ザ・シールド〜ルール無用の警察バッジ〜』(02〜08)、『LOST』(04〜10)、『ヴェロニカ・マーズ』(04〜07)、『HAWAII FIVE-O』(10〜)、『パーソン・オブ・インタレスト』(11〜16)、『コンティニアム CPS特捜班』(12〜15)、『ARROW／アロー』(13〜)、『GOTHAM／ゴッサム』(14〜)、『THE FLASH／フラッシュ』(14〜)、『SUPERGIRL／スーパーガール』(15〜)

FOX

開局：1998年7月1日

大手映画会社の20世紀フォックスを含むアメリカのエンターテインメント企業、21世紀フォックス（旧・ニューズ・コーポレーション）のグループ会社、FOXインターナショナル・チャンネルズが運営。ドラマはソフト発売後、ようやく放送される場合も多い（『24』など）。他の海外ドラマ専門チャンネルに比べるとリアリティ・ショーの放送も多く、FOXクラシック（旧・FOX CRIME）、FOXムービー、FOXライフ（09〜11年に放送）、ナショナル ジオグラフィック チャンネル、ナショジオ ワイルドなど、兄弟チャンネルも豊富。

主要な過去の日本初放送作品（兄弟チャンネルも含む）／『バフィー〜恋する十字架』（97〜03）、『LAW&ORDER：性犯罪特捜班』（99〜）、『マルコム in the Middle』（00〜06）、『NCIS〜ネイビー犯罪捜査班』（03〜）、『Dr. HOUSE』（04〜12）、『ナンバーズ 天才数学者の事件ファイル』（05〜10）、『デクスター』（06〜13）、『モダン・ファミリー』（09〜）、『NCIS：LA〜極秘潜入捜査班』（09〜）、『キャッスル〜ミステリー作家は事件がお好き』（09〜16）、『ウォーキング・デッド』（10〜）、『HOMELAND／ホームランド』（11〜）、『アメリカン・ホラー・ストーリー』（11〜）

AXNミステリー

開局：1998年8月1日

本格派のミステリー・推理ファン向けの専門チャンネル「ミステリ・チャンネル」として開局したが（出版社の早川書房も出資していた）、ソニー・ピクチャーズに買収され、2009年10月1日、AXNの兄弟チャンネルになって現在のチャンネル名に。しかしミステリ・チャンネル時代から海外、特にイギリスを含むヨーロッパのミステリー・ドラマの放送には定評があり、今もファンからとても愛されているチャンネルだ。日本初放送の新作が上陸すると、こんなドラマがあったのかとコアな海外ドラマ好きを驚かせてくれる。最近では『SHERLOCK／シャーロック』（10〜11）関連に力を入れ、歴史ドラマにも強い。

主要な過去の日本初放送作品／『女警部ジュリー・レスコー』（92〜14）、『フロスト警部』（92〜10）、『REX〜ウィーン警察シェパード犬刑事』（94〜）、『THE TUDORS〜背徳の王冠〜』（07〜10）、『孤高の警部 ジョージ・ジェントリー』（07〜）、『刑事マードックの捜査ファイル』（08〜）、『刑事ジョン・ルーサー』（10〜15）、『クロッシング・ライン〜ヨーロッパ特別捜査チーム〜』（13〜）、『トップ・オブ・ザ・レイク〜消えた少女〜』（13〜）、『ウルフ・ホール』（15）、『ディケンジアン』（15〜16）

スター・チャンネル

開局：１９８６年７月１日／親会社・東北新社

２０１６年に開局30周年を迎えた、日本初の映画専門有料チャンネル。１９９２年からＣＳ放送に進出し、現在はＢＳデジタル放送でも見ることができる。ＴＶ初放送（ペイ・パー・ヴュー方式を除く）となる最新の作品から懐かしの名作まで、幅広いラインナップの洋画（海外の映画）をたくさん放送するチャンネルだが、近年はハリウッド事情の変化を受けてか、海外ドラマにも力を入れるように。アメリカのＨＢＯとは、同局の番組を日本で最も早く放送する契約を結んだ。２０１６年秋以降、ライアン・マーフィ製作総指揮の『アメリカン・クライム・ストーリー／Ｏ・Ｊ・シンプソン事件』（16）、『コンスタンティン』（14～15）などのドラマを日本初放送する。

主要な過去の日本初放送作品／『ダウントン・アビー』（10～15）、『ゲーム・オブ・スローンズ』（11～）、『フォーリング・スカイズ』（11～15）、『ＧＩＲＬＳ／ガールズ』（12～）、『ハンニバル』（13～15）『ＬＥＦＴＯＶＥＲＳ～』（14～）、『TRUE DETECTIVE』（14～15）、『ＦＡＲＧＯ　ファーゴ』（14～）

このように、多チャンネル化とそれを受けて誕生した海外ドラマの各専門チャンネルによって、日本に輸入される海外ドラマの本数は「第一次海外ドラマ・ブーム」をはるかに上回るようになる。数えるのが大変なので、具体的に本数を挙げられないのが残念だが、過去最多だった1963年(昭和38年)と1964年(昭和39年)の49本を、あっという間に追い抜かしたはずだ。「海外ドラマ氷河期」の約20年間、海外で評判になったドラマがなかなか見られない状況に地団駄を踏んでいた海外ドラマ・ファンが、胸のつかえが一気に取れるどころか、すべては見られないと嬉しい悲鳴を上げる時代が瞬く間にやって来たのだった。

以上、1970~80年代の「海外ドラマ氷河期」よりも状況は明らかに好転し、「第二次海外ドラマ・ブーム」と呼ぶ見方もあるようだが、日本での多チャンネル化の定着を考えると、ブームを通り越したレベルにまで海外ドラマ人気は定着したように思える。

かつてのブームを「第一次」と呼ぶなら、「第二次」もきちんと定義付けすべきなのだが、あまりに状況がちがい過ぎる。あえて定義付けするなら、1996年9月30日のスカパー!の開局から現在まで約20年、「第二次海外ドラマ・ブーム」はずっとずっと続いている。

「海外ドラマ」はもう、日本人に欠かせない文化になっている。

決定打になった『24 ─TWENTY FOUR─』の大ヒット

さて日本では、普段は海外ドラマを見ない層まで巻き込むほど大ヒットした海外ドラマは、1990年代前半の『ツイン・ピークス』現象以来、なかなか無かったのもまた確かだ。そんな状況に一撃を与えたのが、『24 ─TWENTY FOUR─』だった。

ストーリーが24時間続くノンストップ・アクション・サスペンスを、各話1時間×24話＝計24時間を使って物語中の事件をすべてリアルタイムで描く画期的フォーマット、複数並行して展開するストーリーを分割した画面ですべて見せる濃密な演出、物語の中の時刻を画面で見せる手法（詳しく語ると長くなるが、これは放送事故と見なされる危険性があり、地上波のフジテレビでよく放送できたなと感嘆した）、そして少々強引だったり型破りだったりする予期せぬ展開をちりばめたシナリオの大胆さ。どれもが衝撃的だった。

政府当局VSテロリストの死闘を描くこのドラマの全米放送

『24 ─TWENTY FOUR─』

が始まったのは、２００１年11月6日。そう、9月11日に同時多発テロ事件が起きてから約２カ月後のことだった。偶然だったとはいえ、先見の明があったのは間違いない。

日本において初上陸したのがＢＳでもＣＳでもなくビデオだったことと、ビデオ発売に続いて地上波放送（関東地区ではフジテレビ）されたことで、より強烈な印象を残した（ビデオ発売がＴＶ放送に先行したのは『Ｘ－ファイル』という前例もあったが）。

深夜にＴＶで『24』を偶然見たファンが続きを見ようと、翌日にレンタル店に駆け込むという、これまでに無い現象が発生。さらに、まだ地上波で見られない最新シーズンを借りようと、レンタル開始日にレンタル店の前に行列ができるという社会現象まで生んだ。

レンタルＤＶＤの業界が海外ドラマに注目

このように、『24』の大ヒットを機に、レンタルビデオ（ＤＶＤ）の業界が海外ドラマに熱い視線を注ぐようになったが、これには見逃せない時代背景がある。

レンタルソフトがＶＨＳビデオからＤＶＤに移行したのが、海外ドラマにとって強い追い風になった。なぜか。それまでのＶＨＳ時代、一シーズンあたり十何巻もある海外ドラマはレンタル店の棚を広く占拠するソフトで（ここでＶＨＳのカセットの幅を思い出してほしい)、レンタルの回転率を重視する店舗経営において海外ドラマは「置きづらい」ソフトだった。海のものとも山のものともつかない海外ドラマを一シーズン、十数巻置くよりは劇場公開でヒットした新しい映画を十数巻置いたほうが効率はいいと考えられていた。

これ自体がDVD業界全体にとって追い風になったが、DVDのパッケージ(一般的に約1・5㎝)はVHSの厚み(一般的に約3㎝)の約2分の1の薄さしかない。だから海外ドラマの各シーズンを何セットも仕入れて棚に置くことが以前ほど大きい負担でなくなったのだ。そんな風にVHSがDVDに取って代わられるようになると、『24』のDVDが各シーズン12枚だとしても、レンタルされるかどうか分からない無名の映画のDVDを12本置くより、見ると止まらなくなり、高回転が期待できる『24』を置いたほうがいいと考えられた。

さらに、データの上でも、海外ドラマのレンタルDVDのユーザーはレンタル店に通う回数が多いと証明され、海外ドラマは一転してレンタルDVD業界において有力ソフトに変わったのだ。レンタル店で海外ドラマが洋画の棚の隅に申し訳なさそうに置かれる状況は一変し、海外ドラマのコーナーが店舗の一角を占めるまでに、大躍進したのである。

「海外ドラマ四天王」の出現でブームは白熱

『24』が大成功し、同じ20世紀フォックス・ホーム・エンタテインメント（かつて『X－ファイル』を成功させた会社でもある）の『プリズン・ブレイク』（05～09）もヒットしたことを受け、多くのハリウッド・メジャーの日本支社のソフト部門は海外ドラマに力を注ぐようになっていった。しかも、新しい海外ドラマの宣伝に投じるエネルギーは、BS放送やCS放送の各チャンネルよりも圧倒的に多かった。

こうして特に大ヒットしたのが、『24』、『LOST』、『プリズン・ブレイク』、『HEROES／ヒーローズ』という4作品だった。当時の映像ソフト業界で（筆者は業界誌の誌面で知ったが）、これら4作品は「海外ドラマ四天王」と呼ばれるようになり、さらに大きく注目を集めた。ちなみに、これらに続いた『ターミネーター　サラ・コナー・クロニクル』（08～09）も同等の好評を博した（東京のフジテレビで土曜夜11時台という恵まれた時間枠で放送されながら、2シーズンで終了してしまったのは実に惜しかったが）。

話はそれるが個人的な話をさせてもらうと、筆者もこれら「四天王」が大当たりしていた当時は本当に忙しかった。これら4本はなんと全作品、主演級キャストが来日を果たし、幸運にもインタビューをさせてもらった。

『24』は筆者が記憶する限り、主人公ジャック・バウアー役のキーファー・サザーランド（後に続編『～リブ・アナザー・デイ』の時にも来日）、ニーナ・マイヤーズ役のサラ・クラーク（本作での共演をきっかけに結婚したメイソン役の夫ザンダー・バークレイを同伴）、クロエ役のメアリー・リン・ライスカブ（『～リブ・アナザー・デイ』で再来日）、トニー・アルメイダ役のカルロス・バーナード（来日目的は『24』のパチスロの宣伝）、エドガー役のルイス・ロンバルディ（誰にも頼まれずに来日した）、メイン監督のジョン・カサーが来日したが、これほどの人数の関係者が集結したのは、ほかに例が無いはずだ。

『プリズン・ブレイク』の主人公マイケル・スコフィールド役のウェントワース・ミラーは、今だからいうが番組で見るよりも太っていて、折角のイケメンがもったいなかった。『LOST』のマシュー・フォックスは、映画『バンテージ・ポイント』(08)のPRのための来日だったが、先がけて『LOST』のハワイの収録現場でもインタビューをした。

また、『HEROES』でブレイクした日本人俳優マシ・オカも、続編の『HEROES REBORN／ヒーローズ・リボーン』(15～16) PRのための来日まで計5回ほどインタビューさせてもらったが、「それは面白過ぎて書けない」というネタをぶっ込んでくる、なかなかの危険人物（?）だ。映画「僕が落ちた『ラスト サムライ』のオーディション、××××さん（日本を代表する大物歌手）も受けていましたけど落ちましたね」とか……。

これら4本は、日本のドラマよりもずっとスケールが大きい海外ドラマの魅力を伝えたという点で、個人的にも大変思い入れが強いタイトルである。

折角の機会なので、これら「海外ドラマ四天王」の各作品を紹介しておこう。

日本の海外ドラマ人気を盛り上げた立役者

『24 —TWENTY FOUR—』

2001～14年・FOX／計9シーズン（スピンオフが製作中）／企画：ジョエル・サーナウ、ロバート・コクラン／出演：キーファー・サザーランド、デニス・ヘイスバードほか／第1話監督：スティーヴン・ホプキンス

各シーズン、ある1日（24時間）にわたって展開するサスペンスフルなストーリーを、同じ24時間（アメリカのTVドラマに多い各話1時間×24話＝計24時間）という放送時間を使い、すべてリアルタイムで描くことでより緊迫感を高めるという、それまで誰も思いつかなかったアイディアを実現したノンストップ・アクション・ドラマの傑作。

主人公のジャック・バウアー（キーファー・サザーランド）は合衆国の国家機関CTU（対テロユニット）のメンバー。シーズン1では史上初のアフリカ系大統領になるかもしれないVIP、パーマー候補（デニス・ヘイスバード）の暗殺計画を防ごうと活躍した。

物語の中の時刻をデジタルの数字で見せ、並行して展開する複数のストーリーを画面分割（スプリット・イメージズと呼ばれる）ですべて同時に見せる演出など、ストーリーに負りない

ぐらい演出も斬新だった。
シーズン1第1話の全米放送予定日は、偶然ながら2001年の「同時多発テロ事件」直後の10月31日だったが、途中にあった飛行機墜落シーンをソフトな形に再編集し、同年11月6日に全米放送された。そして続くシーズン2では原爆テロ、シーズン3では細菌テロ、最高傑作といわれるシーズン4では、時間差連続テロを題材に官邸内でのクーデター騒動までもが盛り込まれた。9・11以降のアメリカを予言するような物語は、当時の視聴者にとってよりリアルに感じられたに違いない。

『24』の予言はほかにもある。

後のバラク・オバマ大統領のような有色人種の合衆国大統領の誕生、そして史上初の女性大統領の出現までもが描かれているのだ。2016年夏、アメリカの大統領選レースでは、民主党のヒラリー・クリントン候補と共和党のドナルド・トランプ候補が激闘を展開しているが、果たして『24』のように史上初の女性大統領は誕生するのか？　今後も心して見守りたいところである。

24時間ノンストップで展開することが『24』の売りであるが、シーズン1は当初は第13話までしか発注されていなかった。放送の反響を見て、計11話を追加で製作したのだ。

『24』のシーズン1の第13話を思い出してほしい。ジャックは妻子を救出し、テロリスト一味はプランBという第2の計画に取りかかる。しかし、それまでに人気が出なければ、プランBに突入するどころか、このドラマは『24』というタイトルであっても全13話で終わる可能性があった。

いつでもドラマを打ち切ることのできる製作スタイルは、現在も変わっていない。いつの時代も視聴率次第で、全米TV界は実にシビアだ。

登場人物の顔ぶれを大幅に変更した続編『24：レガシー（原題）』の製作が決まった。2017年2月5日、アメリカの国民的イベントであるスーパーボウルの生中継直後に、全米FOXネットワークは第1話の放送を予定している。伝説の『24』の最新章に注目せずにいられない。

現在・過去・未来にまたがるサバイバルドラマ

『LOST』

2004～10年・ABC／計6シーズン／企画：J・J・エイブラムス、デイモン・リンデロフ、ジェフリー・リーバー／出演：マシュー・フォックス、エヴァンジェリン・リリー、ジョシュ・ホロウェイほか／第1話監督：J・J・エイブラムス

オーストラリアからロサンジェルスに向かって飛び立ったオーシャニック航空815便が墜落したのは、そこがどこかもいつの時代かも分からない謎だらけの島だった。

J・J・エイブラムスが手がける究極のサバイバル・パニック・ドラマ。

このドラマの最大の功績は、回想シーンを多用して登場人物たちの過去を掘り下げるという斬新な手法だ。それに影響を受けたドラマが多数生まれた。

「細かいことは気にしない」というエイブラムスの悪癖が露呈し、全ての伏線の回収はされなかったが、それも逆にファンを盛り上げた。また、ネットにはドラマの考察などが数多く投稿され、TVドラマの新しい在り方を示してみせた。

脱獄↓逃走↓また脱獄！　続編の製作が決定

『プリズン・ブレイク』

2005～09年・FOX／計4シーズン（続編が製作中）／企画：ポール・シェアリング／出演：ウェントワース・ミラー、ドミニク・パーセル、ロバート・ネッパーほか／第1話監督：ブレット・ラトナー

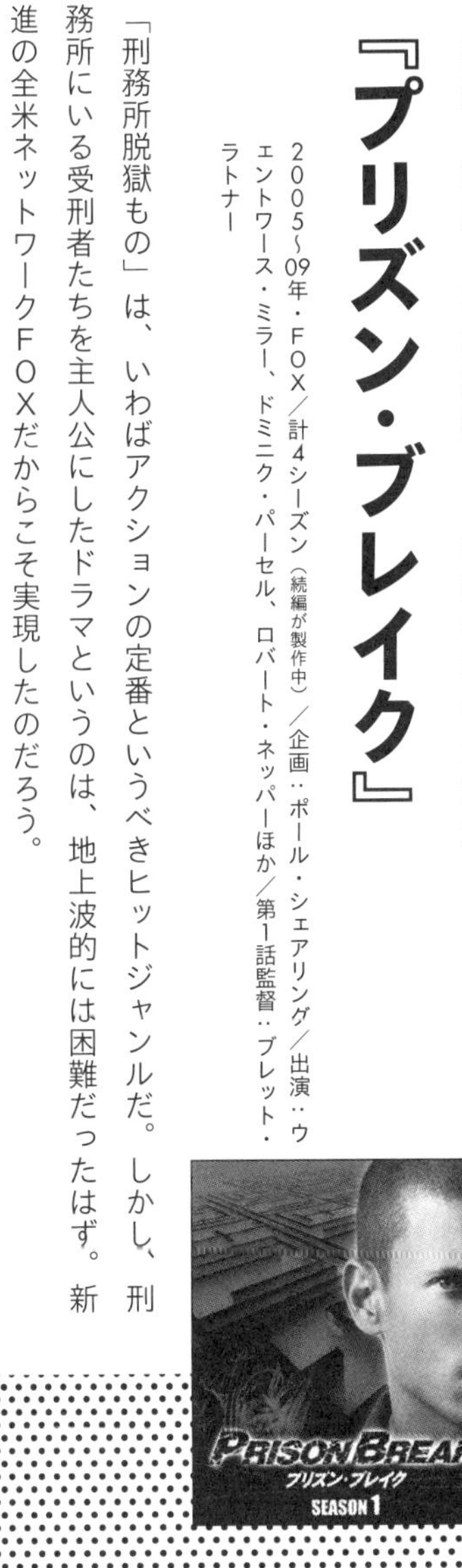

「刑務所脱獄もの」は、いわばアクションの定番というべきヒットジャンルだ。しかし、刑務所にいる受刑者たちを主人公にしたドラマというのは、地上波的には困難だったはず。新進の全米ネットワークFOXだからこそ実現したのだろう。

主人公たちが脱獄したら物語は終わるかと思いきや、個性的な登場人物たちが苦闘する姿を描き続けてヒットを継続。4シーズンで終わったのは正解……かと思ったら、2016年、リブート版の製作が決まった（2017年に全米放送予定）。

一度は終わった物語をどう続けるのか。そしてその収録中にリンカーン役のドミニク・パーセルが重傷を負う事故が発生。収録は継続し、パーセルも出演を続けているが、まずは完成が気になるところだ。

世界を舞台にした壮大なスケールが光る

『HEROES／ヒーローズ』

2006〜10年・NBC／計4シーズン（続編『HEROES REBORN／ヒーローズ・リボーン』も製作）／企画：ティム・クリング／出演：マシ・オカ、マイロ・ヴィンティミリア、ザカリー・クイントほか／第1話監督：デヴィッド・セメル

アメコミを思わせるユニークな世界観と、平凡な人間がスーパーパワーを持ったらどうなるのかという普遍的な問いかけを盛り込み、大きく関心を集めた世界的ヒットドラマ。シーズンで出来・不出来は分かれるが、全米各地と世界各国を舞台にした壮大なスケールは画期的で、日本人ヒロ（ヒーローにかけたネーミング）の役を東京生まれのマシ・オカに演じさせるという大胆なキャスティングが特徴。マシ・オカ以外も、映画『硫黄島からの手紙』（06）に出演した尾崎英二郎（おざきえいじろう）氏は、日本に住んでいたにもかかわらずいきなり出演をオファーされた。アジア系など多国籍の俳優をキャスティングする気運を高めた功績は大きい。

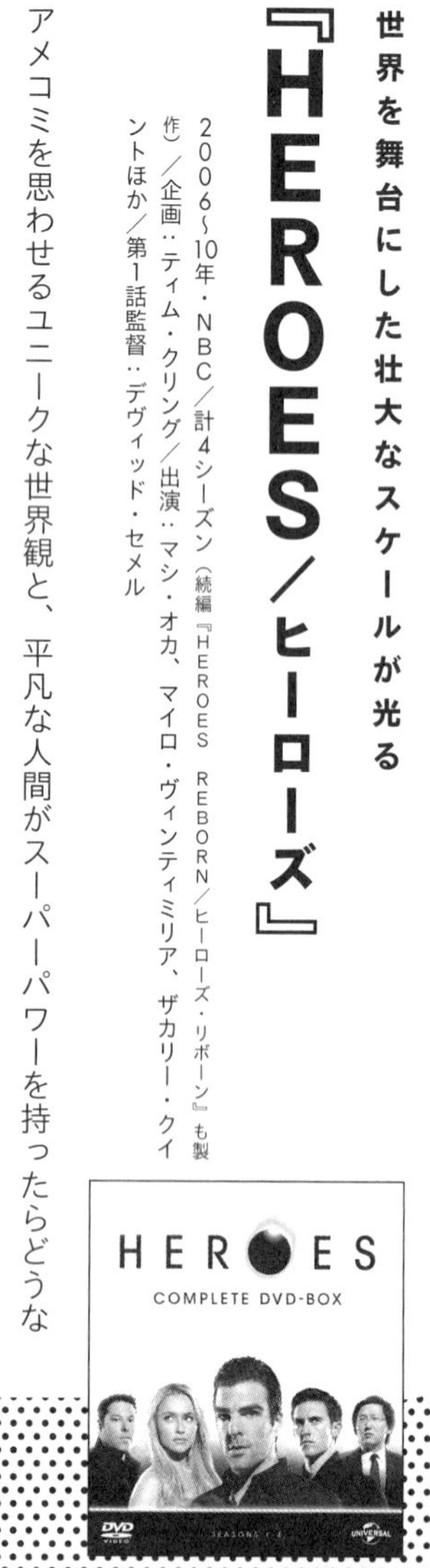

今だから明かせる「海外ドラマ四天王」の功罪

これら「海外ドラマ四天王」は、それまで海外ドラマに関心が無かった層をも巻き込み、日本の海外ドラマ人気を一気に拡大してみせたが、10年近く経った現在となっては、プラス面ばかりではなくマイナス面の効果もあったように思われる。

まず、それでもまだ海外ドラマを見ない層から、「海外ドラマって面白そうだけど、眠れなくなっちゃうんだよね」という声が聞かれるようになった。確かに「四天王」は共通するキーワードが「ノンストップ」で、各話、強引ともいえる急展開でファンが次のエピソードを見たくなるよう演出されていた。だから、「見るのに時間がかかり、生活のリズムが狂わされそう」という理由で海外ドラマを遠ざける層が生まれたように思える。

だが、実際に海外ドラマをたくさん見ているファンは、ネットを使って急展開のオチだけ先に調べて納得し、しばらく次回を待つという人も多いし、DVDプレイヤーのリモコンを持ちながら見て早送りを繰り返す人も少なくない。大ヒット作『24』だって、各話の冒頭にあるあらすじをすっ飛ばし、番組名物の時間表示（本国の放送時にCMが入る前後が多い）も早送りし、スタッフたちの名前が出るエンド・クレジットも見ないで次のエピソードまで飛べば、24時間続く物語であっても16時間ぐらいで完走できる。

また、『プリズン・ブレイク』や『LOST』は「最終話らしい最終話」があったからまだマシだが（前者はスペシャル版『ファイナル・ブレイク』も作られたが）、ハッピーエンドであれアンハッピーエンドであれ、すべてが解決するのが最終話と考えている人たちにとって、『24』のシーズン8の最終話（ソフト版で見られる別エンディングでクロエは逮捕される）も、『HEROES』シーズン4の最終話も不完全燃焼だったかもしれない。

昔から海外ドラマを見ていた人にとっては、むしろ「最終話らしい最終話」が無いのが海外ドラマだった。刑事ドラマなら普通に事件が解決してそのまま番組が終わるとか、これは好ましくないが、日本での放送が途中で打ち切られてしまうことも多々あった。

アメリカのドラマを語る際、これは避けて通れないのではっきりさせておこう。

TV局自体が「製作著作」にクレジットされ、局の社員がプロデューサーに名を連ねる日本のドラマと異なり、アメリカTV界では番組を作る製作会社と番組を放送するTV局はそこまで密接ではない。よくいえば、きちんと役割分担ができているのだ。

当然、色々な不満の声が上がることもある。筆者がアメリカのTVスターを取材して何度か聞いたのは、「自分たちの番組は、最初は局がちゃんと宣伝をしなかった（しかし番組は成功した）」というもの。TV局は新番組に対し、ドライに優先順位を割り振って宣伝をする。日本のように（個人的にはどうかと思うが）、キャストがバラエティ番組に出演して番宣するということもなく、あってもトーク・ショーに顔を出す程度だ。

しかし製作会社としては、作品が成功した場合、二次利用で莫大な利益を受けられるというメリットがある。とはいえ、そこまでたどり着かない番組も多い。

各TV局にとってドラマの続編は、シーズン毎に買うか買わないかの選択をする商品に過ぎない。一方、製作会社は反対に1シーズンでも長く続けたい。だから、シーズンの最後で物語を終わらせず、場合によってはあたかも続きがあるかのように終わらせて関心を引きつける、「クリフハンガー（cliffhanger）」という派手な終わらせ方をする。

但し、昔に比べるとこの点は改善されていて、ロングランヒットしたドラマはちゃんとした最終話を用意することがずっと増えたし、シーズン1が全13話で打ち切られたとしても、そこで物語を終わらせるドラマは以前よりも増えている。

しかし、反響があまりにふるわず、13話も続かなかったドラマの場合、視聴者が痛い目に遭うしかないという最悪のケースが無くなることもないだろう。それがアメリカTV界だ。

何にせよ、これから海外ドラマを見る人には、日本のコミックなどと同じで、つまらないと思ったらそこで見るのをやめていいエンターテインメントだと知っておいてほしい。

海外ドラマ氷河期からの復活

これまで語ってきたように、地上波だけでなく、NHK衛星第2やWOWOWなどのBSアナログ放送（後にBSデジタル放送に移行）、スカパー！やCATVで見られる専門チャンネル群、レンタルやセルのDVD、BSデジタル放送、動画配信サービスといったように、海外ドラマを見る手段がぐっと多様化し、「海外ドラマ四天王」の出現が決定打となって、ようやく「海外ドラマ氷河期」を完全に脱したのが現在の日本だ。

近年では、BSデジタル放送でユニークなチャンネルが生まれた。258chだ。ディズニー系列の「Dlife（ディーライフ）」である。どこがユニークかというと、地上波のようにCM収入で営業を成り立たせようとしており、視聴者が無料で見られる、史上初の海外ドラマ中心のチャンネルだからだ。作品的には他のチャンネルで放送したものが多いが、一部に日本初上陸の新作もあり、定着することを期待したい。

さて、「海外ドラマ氷河期」はまた訪れるのか。

筆者は来ないと思うが、それには理由がある。日本のTV界が動画配信サービスへの対応に遅れているからだ。特に、旧作のライブラリーをあまり配信できていないのが引っかかる。

アメリカでは2007年11月から翌年2月にかけて、「全米脚本家組合(The Writers Guild of America)」が大々的にストライキを敢行し、多くの番組が新作エピソードを放送できなくなった。『HEROES／ヒーローズ』のシーズン2は11話で終わり、『24』に至ってはシーズン7が1年延期された(代わりに08年11月にスペシャルの『24：リデンプション』を放送)。そこでの争点のひとつは、組合側がネットにおける動画配信からも二次使用料を求めるというもの。4カ月にも及んだストのためにハリウッド全体の損失は大きかったが、積極的に評価すると動画配信から二次使用料が発生すると決まったことの意義は大きかった。

日本のTV界でも、近年は動画配信に関する権利問題はかなりクリアされるようになった。しかし、少し前の人気ドラマでさえなかなか配信されないのは、やはり日本のTV界(と芸能界)が対応に出遅れていると考えざるをえない。

一方、アメリカについては、『ウォーキング・デッド』が日本でも本国とほぼ同時に見られるようになっただけでも、時代の変化に対する日米のTV界の差を感じる。

第5章

面白い海外ドラマの見つけ方・楽しみ方

「キーワード」さえ知っておけば大丈夫

2016年の現在、海外ドラマと聞いて多くの日本人が連想するのは恐らく、国産アニメに似たような、入り口こそ狭いがその奥にディープな楽しみが広がっている世界なのかもしれない。それはそれで間違いではないのだが、もう少し広い視野から見てみたい。

まず、大勢の日本人が海外で作られた映画、いわゆる洋画を楽しんでいるのは、そこに国境や民族性を超えた、普遍的な感動や興奮があるからだ。同じように、海外ドラマを洋画のように楽しむことは大いに可能だ。

そして特に近年の海外ドラマは作られた国のマーケットだけではなく、他国も意識した世界基準を確立しつつある。だから、むしろ本来は入り口が広いのである。

とはいえ、世界中でTVドラマが作られており、タイトルがたくさんあるせいか、「どの海外ドラマを見ればいいのか分からない」という意見は筆者も非常によく分かる。

そんな「海外ドラマ初心者」のみなさんの疑問にここでお答えしたい。それは、ほんの少しの「キーワード」をチェックすることでたちまち解決する、と。

最重要キーワードは、本国でどのメディアが放送／配信したか、である。

海外ドラマを見るかどうか迷った時は、そのドラマが本国でどのチャンネルで放送されたか、どの動画配信サービスで配信されたかを知っておくと、自分にマッチしたドラマかどうかの予想を立てやすくなる。

各国のメディアは、TVならどんな視聴者が、動画配信サービスならどんなユーザーが、どんな番組・作品を求めているか、意識している。日本の地上波のTV局も、以前ほどチャンネル毎の差は大きくないが、ニュース、ドラマ、バラエティなどの各ジャンルに注ぐエネルギーの配分が異なっていることがなんとなく分かるだろう。

多チャンネル先進国であるアメリカの場合、エネルギー配分の傾向は顕著に異なる。

傾向を下のような表のようにまとめてみた。作品

全米TV界の各チャンネルの傾向

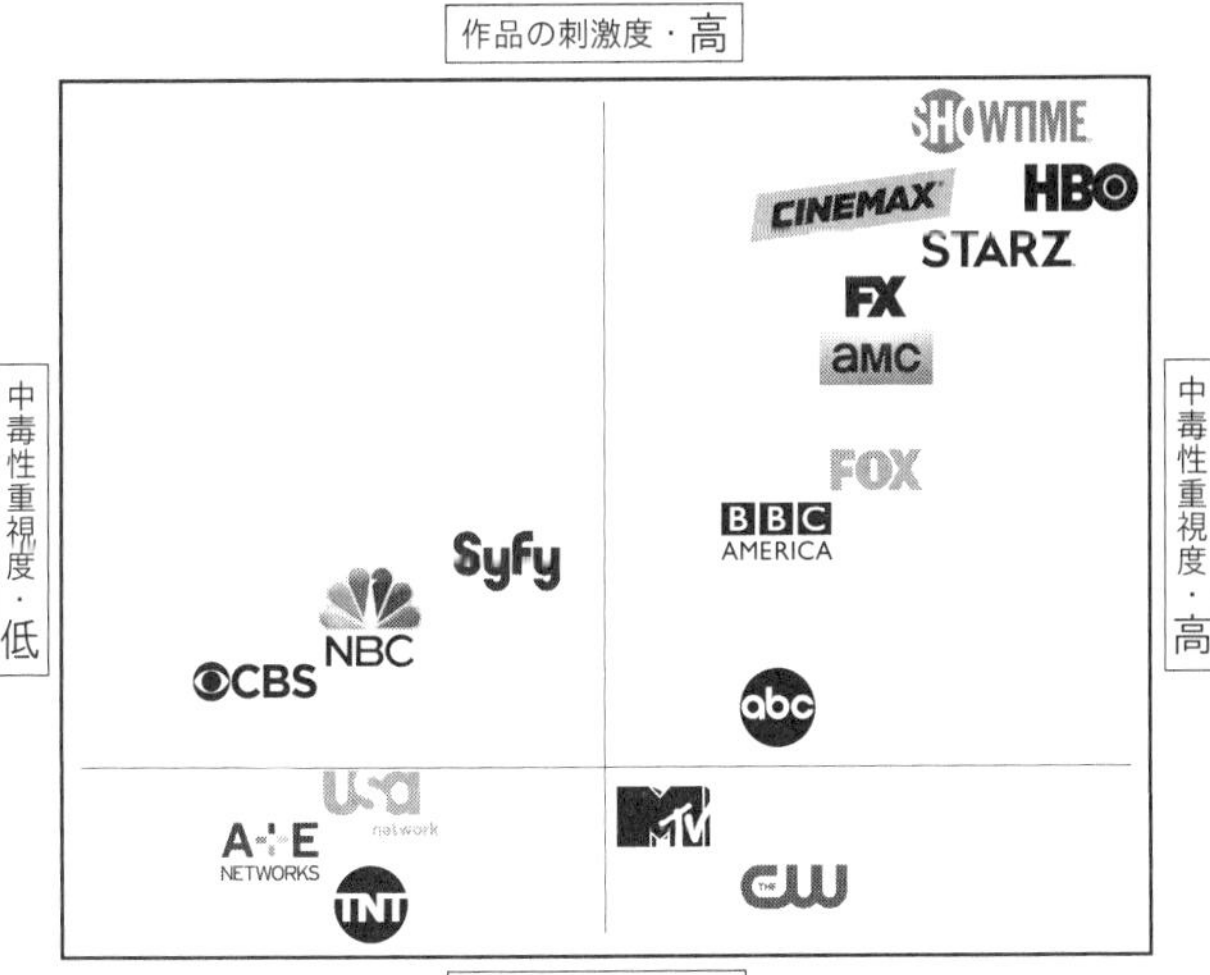

の刺激度と中毒性が比例しがちであるが、刺激度も中毒性も低いドラマにもきちんとニーズがある。この多様性こそが、アメリカTV界の底力だ。

全米の地上波ネットワーク

アメリカにはケーブル向けTVチャンネルが多数あるといっても、全米TV界の中心にあるのは、依然として地上波の全米ネットワークである。

第二次世界大戦後に発展を始めた全米TV界。1946年からはデュモン（DuMont）という地上波ネットワークもあったが、56年に幕を下ろし、1986年にFOXが開局するまでの30年もの長き間、地上波ネットワークは事実上、NBC、CBS、ABCという「3大ネットワーク」に寡占された。

30年の間には、FOX以外も新しいネットワークを作ろうとする動きが少なからずあったとはいえ、3大ネットワークの強さの前にどれも挫折してしまったのである。

NBCネットワーク

開局：1939年4月30日／親会社：コムキャスト

エレクトロニクス企業RCAを母体として生まれた全米ネットワーク。本社があるのはニューヨーク・マンハッタンのランドマーク、GE（ゼネラル・エレクトリック）の本社ビルだが、そもそもGEは以前からRCAに出資していた（後に買収）。

会社のロゴが孔雀に似ているため、「ピーコック」がNBCのニックネームだ。

30年間の3大ネットワーク時代はNBCもCBSもABCも番組編成に大差は無かったが、朝のワイドショーや深夜のトークショーを初めて放送したのはNBCで、1964年には初めてのTVムービー『小さな逃亡者』を放送した。イメージでいうと、時代の半歩ぐらい先を行く、といったあたりか。

1980年代にはその姿勢が大きく実を結び、ある警察署を舞台に複数の物語が並行して展開する『ヒルストリート・ブルース』（81〜87）が高い評価を受け（当初は打ち切り寸前の低視聴率だったがエミー賞の受賞に救われたといわれる）、マイケル・J・フォックスの出世作のシットコム『ファミリー・タイズ』（82〜89）や、「しゃべる車のドラマ」こと『ナイトライダー』

（82～86）、『特攻野郎Aチーム』（83～87）などのアクション路線、ビル・コスビー主演のシットコム『コスビー・ショー』（84～92）などがヒットした。

80年代後半から90年代最初にかけての数年間は他の2つのネットワークに押されたが、すぐに復活。スタンダップ・コメディアン出身のジェリー・サインフェルドが主演したシットコム『となりのサインフェルド』（89～98）、メディカル・ドラマの傑作『ER 緊急救命室』（94～09）、『フレンズ』（94～04）が大当たりし、これらはいずれも各チャンネルにとって勝負となる曜日、木曜のゴールデンタイムに放送されて大成功を収めた。

夜の8時台の『フレンズ』、9時台の『となりのサインフェルド』、10時台の『ER 緊急救命室』という鉄壁の布陣。この3時間は「マスト・シー・TV（Must See TV）」（必見の枠）と呼ばれた。しかし、だからか、これらの大ヒット作に代わる新番組を準備することが遅れ、視聴者数は他の各ネットワークやケーブル向けチャンネルに追い越される不振の時代へ。時代の半歩先どころか、一歩も二歩も遅れだした。

2000年代（ゼロ年代）に注目された新作ドラマは、『HEROES／ヒーローズ』（06～

『ハンニバル』

10）位で、1990年代から続いていた『LAW&ORDER』（90〜10）のフランチャイズが無ければ目も当てられないほど、不調が続いた。
2010年代に入ってからは、『ブラックリスト』（13〜）、『ブラインドスポット タトゥーの女』（15〜）といった、伝統的な一話完結形式と21世紀ならではの連続形式を組み合わせたドラマがヒット中。地上波のレベルを超える過激な描写が話題になった『ハンニバル』（13〜15）も注目の的に。まだしばらく目が離せない老舗ネットワークである。

保守的だが、それが功を奏している老舗

CBSネットワーク

開局：1941年7月1日／親会社：CBSコーポレーション

NBCの2年後に開局した老舗ネットワーク。会社のロゴが人間の日に似ていることからニックネームは「アイ・ネットワーク」だ。
当初はNBCに押されたが、第三章で取り上げた『アイ・ラブ・ルーシー』（51〜57）などの成功で、1960年代から1970年代前半までナンバーワン・ネットワークとなる。

当時のCBSを示す言葉は「田舎」だ。『マッコイじいさん』(57〜63)、『ミスター・エド』(61〜67)、『じゃじゃ馬億万長者』(62〜71)、『農園天国』(65〜71)など、いずれも地方を舞台にしたシットコムで成功を収めたが、「地方をバカにしている」という声が上がり、「CBSはCountry Broadcasting Systemの略だ」という陰口を叩かれる。そこで地方の要素が少ない番組を増やしたが、これはアメリカTV史では「ルーラル・パージ(Rural purge)」(田舎っぽい要素の一掃)と呼ばれる。しかしその後も、地方を舞台に暴走一家と保安官たちが繰り広げるカーチェイスを売りにしたアクションコメディ『爆発!デューク』(79〜85)を放送したりして、体質がすっかり変わったともいいがたい。

そして長寿番組が多いのがCBSの特徴だ。平日深夜のトークショー『トゥナイト・ショー(原題)』は1954年から現在まで司会(ホスト)を交代しながら60年以上も続いている。また、NBCの『LAW&ORDER』に追いつかれるまで、長い間夜のドラマとして最長記録を誇った西部劇『ガンスモーク』(55〜65)は20シーズンも続き、最近では『CSI:科学捜査班』(00〜15)が15シーズンもロングランした。

一方、ドラマではないがこのチャンネルを代表する番組は、日本ではTBSで『CBSドキュメント』として放送された長寿ドキュメンタリー番組『60ミニッツ(原題)』だ。1968

年に始まり、このまま行けば放送開始から半世紀を迎えるだろう。

この番組をめぐる伝説は無数にあるが、日本のTV界において1時間前後の長さがあるニュース番組が増えたきっかけになったという声もある。

そんな『60ミニッツ（原題）』は画期的かつ野心的なニュース・マガジン（ニュースだが毎回取り上げるテーマを絞った）だが、以上の通り、ドラマに関しては保守的だったといわざるを得ないのがCBS。しかし、継続こそ力なり、か。21世紀に大躍進を遂げる。

1990年代、ABCの『ヤングライダーズ』（89〜92）の終了後、そろそろ時代が去ったと考えられた西部劇『ドクタークイン 大西部の女医物語』（93〜98）を放送したのはCBSらしかったし、1970〜80年代に興隆した犯罪ドラマのジャンルが、NBCの『LAW&ORDER』、ABCの『NYPDブルー』（00〜15）などを除いて停滞した頃、CBSは『特捜刑事マイアミ・バイス』（84〜89）のドン・ジョンソンがカムバックした『刑事ナッシュ・ブリッジス』（96〜01）、香港から「デブゴン」ことサモ・ハン・キンポーを主演に招いた『LA大捜査線／マーシャル・ロー』（98〜00）を放送。厳密には刑事ドラマではなくミリタリー・ドラマだが、NBCで1シーズンだけ放送された、海軍法務部（JAG）の活躍を描く『犯罪捜査官ネイビーファイル』（95〜05）をわざわざ引き継いで、ロングラン・ヒット作に育ててみせた。

そしてゼロ年代、『CSI：科学捜査班』(00〜15)に始まるフランチャイズ、『犯罪捜査官ネイビーファイル』のスピンオフ『NCIS〜ネイビー犯罪捜査班』(03〜)に始まるフランチャイズ、『WITHOUT A TRACE／FBI 失踪者を追え！』(02〜09)、『コールドケース』(03〜10)など、犯罪捜査ドラマの大ヒット作を次々と送り出し続け、全世代を通じての視聴者数に関してはナンバーワンという人気ネットワークの座に返り咲いた。

現在も、比較的家族揃って見られる内容の娯楽作を手堅くチョイスしており、順調だ。

3大ネットの中では後発だが野心作も多い

ABCネットワーク

開局：1948年4月19日／親会社：ディズニー＝ABCグループ

NBCやCBSに遅れて開局したABCは、それまでレッドとブルーと2つあったNBCのラジオ・ネットワークのうちブルーが売却されてABCに改名、それからTV放送に進出した。親会社が無い独立した放送局だった時期もあるが、1996年からはウォルト・ディズニー社に買収され、現在はディズニー＝ABCグループに属している。

元々、ＡＢＣとディズニーは密接な関係にあった。ディズニーの創始者ウォルト・ディズニーは１９５４年、まだ映画界がＴＶ界よりずっと立場が上だった時代だったのに、バフエティ『ディズニーランド』(54〜58)を企画。カリフォルニア州アナハイムにテーマパーク「ディズニーランド」を建設する資金にあてるためだったが、これでウォルト・ディズニーはアメリカ映画界で初めてＴＶ界に進出したプロデューサーになった。当時のディズニーはまだアニメーション映画の製作・配給が中心で、大手映画会社の中でも比較的小さい存在だったという事情もあったのだろう。ディズニーは「プロダクションズ」であり、現在のような「カンパニー」に変わるのはウォルトの逝去から20年後の１９８６年だった。

後発のネットワークであるＡＢＣは１９５０〜60年代、年間視聴率ベスト30に占める番組数が１割から２割という年が多かった。その名残があるのかどうか、番組編成の特色は「当てる」ことを意識した番組が多いといっていい。よくも悪くも進取の伝統があり、爆発的にヒットした番組もあれば失敗作もたくさんあった。

長年、ＮＢＣやＣＢＳの後塵を拝したＡＢＣが浮上したのは１９６０年代後半、日本でも大ヒットしたシットコムの名作『奥さまは魔女』(64〜72)がヒットしたあたりから。続いて犯罪捜査ものの『ＦＢＩアメリカ連邦警察』(65〜74)や『モッズ特捜隊』(68〜73)、メディカル・

ドラマ『ドクター・ウェルビー』(69〜76)も高視聴率をマークした。

潮目が大きく変わったのは1975〜76年のシーズン。きっかけはCBSの編成担当副社長フレッド・シルヴァーマンのABCへの引き抜き。SFアクション『600万ドルの男』(73〜78)とそのスピンオフ『地上最強の美女！ バイオニック・ジェミー』(76〜78)、犯罪捜査ドラマの『刑事スタスキー&ハッチ』(75〜79)や『チャーリーズ・エンジェル』(76〜81)、シットコムの『ハッピー・デイズ』(74〜84)、『ラバーン&シャーリー』(76〜83)、無名時代のジョン・トラヴォルタも出演していたシットコム『ウェルカム・バック、コッター(原題)』(75〜79、日本未放送)などが全米視聴率ランキングの上位を占めた。

また、エピソード数が少ないミニシリーズにも挑戦した。日本でも1979年にNHK総合テレビで放送されたミニシリーズ『リッチマン・プアマン』(76)、日本上陸が先行した(テレビ朝日系で77年に放送)、『ルーツ』(77)などは社会現象級の大反響を呼んだ。

しばらくは好調が続いたが、好調の立役者だったシルヴァーマンは78年、NBCへと移籍してしまう(不思議なことにそこで失速してしまったのだが)。それでもABCは、エミー賞などのT

『殺人を無罪にする方法』

V賞方面ではめっぽう弱いながらも、「質より人気」の姿勢を続ける。

だからか1980〜90年代はシットコムのヒット作を連発。しかし、21世紀に近づいて「シットコム冬の時代」が近づくと新たな鉱脈を求め、イギリス生まれで日本版も作られたクイズ番組『クイズ$ミリオネア』（99〜02）を開始。大ブームを生んだが、2001年9月11日の同時多発テロ事件の影響で「こんな時世にクイズで大金獲得を目指すなんて不謹慎」というムードが高まり、急激に人気が下落したというエピソードもABCらしい。

21世紀に入ってからは、進取の伝統が再び功を奏するようになり、『LOST』（04〜10）、『デスパレートな妻たち』（04〜12）といった連続ドラマ路線に舵を切るのに成功し、近年ではションダ・ライムズ企画のジェットコースター系ドラマ、『グレイズ・アナトミー』（05〜）、『スキャンダル』（12〜）、『殺人を無罪にする方法』（14〜）が大ヒット中である。

民放ではないが、真面目な地上波ネットワーク

PBS

開局：1970年10月5日

商業放送局ではないので「×大ネットワーク」に含まれないが、全米地上波ネットワークなのは確か。PBSはPublic Broadcasting Service の略で、日本では「公共放送サービス」と呼ぶことも。公共放送といっても日本のNHKやイギリスのBBCのように受信料を集めるのではなく、合衆国政府や各州の交付金、寄付金などで運営されており、主に教育番組や教養番組の放送を行っている。最大の人気番組は日本でも人気の教育バラエティ『セサミストリート』(69〜)。イギリスで製作された秀作ドラマを多数放送してきたことでも知られる。

あくまで番組のクオリティを重視しているので国民的ヒット番組はあまりないが、イギリスの『ダウントン・アビー』(10〜15)をアメリカで初めて放送した局でもある。

ついに現れた全米で4番目の地上波ネットワーク

FOXネットワーク

開局：1986年10月9日／親会社：21世紀フォックス

約30年間、NBC、CBS、ABCという3大ネットワークに寡占されてきたアメリカの地上波TVだが、いくつかの失敗例(実は十以上はあるが)を経て、ようやく第4のネットワークが定着した。それが大手映画会社、20世紀フォックスの兄弟会社であるFOXネットワークだ。

FOXネットワークを生んだのは1960年代初頭、オーストラリアから世界に進出したメディア王、ルパート・マードック。アメリカで今までにない地上波ネットワークを生み出そうと挑んだ。

FOXはまず、広告業界において価値が高いと見なされる若者から中年の視聴者層（他の年齢層よりも消費活動が旺盛でCMスポンサーにとって重要）、具体的には18～49歳の年齢層や、もうすぐそこに届く年齢層をターゲットにした、斬新な番組を放送することで3大ネットワークに寡占され続けてきた全米TV界に風穴を開けていった。

開局から3年間は土日の数時間しかオリジナル番組を放送できなかったが、そこには印象的な番組がいくつかあった。

無名時代のジョニー・デップが主演したポリス・アクション・ドラマ『21ジャンプ・ストリート』（87～90、『ハイスクール・コップ』『ロックド・アウト』の題でビデオ発売されたエピソードも）は童顔の刑事トム（デップ）が、犯罪が多発する高校に潜入していくストーリー。企画したのは『特攻野郎Aチーム』などのスティーヴン・J・キャネルなど。やはり無名だった頃のブラッド・ピットもゲスト出演した。若いファンはこの番組を大歓迎したが、デップ自身は自分がアイドル扱いされることを嫌い、本作が終わった後はアート志向が高い監督たちの映画に主演し、俳優としての評価を高めた。

そんな若者向けドラマの路線にFOXは味をしめたのか、新たに放った若者向けドラマが『ビバリーヒルズ高校白書』（90～00、シーズン4以降の邦題は『ビバリーヒルズ青春白書』）。地方からアメリカを代表する高級住宅街ビバリーヒルズに引っ越してきた兄妹の視点から、当時のアメリカのティーンエイジャーが抱えたアップ・トゥ・デイトな問題に肉薄した。10年というロングランを達成したこのドラマは、それまでの全米TV界に無かった「青春ドラマ」のジャンルを成立させることに貢献した。次第に社会問題は取り上げられなくなり、登場人物同士の恋愛を速いテンポで描く物語に変わっていったが、同じFOXでスピンオフ『メルローズ・プレイス』（92～99）が生まれ、そこからもスピンオフ『モデル・エージェンシー／女たちの闘い』（94～95）が派生。もしもこのドラマが無かったら、後の『THE OC』（03～07）、『ゴシップガール』（07～12）、『プリティ・リトル・ライアーズ』（10～）といった、アメリカを代表する青春ドラマ群は無かったかもしれない。

アニメの『ザ・シンプソンズ』（89～）も画期的だった。アメリカにおいてアニメは子供向けという考え方が根強かったが、そこにむしろ大人向けかもしれない過激アニメを送り込んだ。

物語の主人公は、原発でいい加減に働くホーマー（日本語吹替は『スーパーマン』の伝説的声優、大平透（おおひらとおる））を父親とするシンプソン一家。親子全員自己主張が強くて一年中トラブルが起きるが、なぜか家族愛だけは忘れないという、TV黎明期に人気だったホームドラマ路線に通じる、ハイブリッドな価値観を打ち出した。マイケル・ジャクソンなど、ゲスト声優陣の顔ぶれの豪華さも伝説的。全米放送は2016年秋、シーズン28に突入。

他の特筆すべき番組は、現実に起きた事件の容疑者に関する情報を視聴者に呼びかける『アメリカズ・モスト・ウォンテッド（原題）』（88〜12、日本未放送）、全米各地の警察で働く警官・保安官の日常を追ったドキュメンタリー『全米警察24時 コップス』（89〜、米国では13年からスパイク局で放送）などのリアリティ・ショー、日本でもヒットした、女性弁護士アリー（カリスタ・フロックハート）がヒロインの『アリー my Love』（97〜02）、2016年に復活した『X－ファイル』（93〜02）など。

21世紀には国民的オーディション番組『アメリカン・アイドル』（02〜16）やドラマの『Dr.HOUSE』（04〜12）、『24 －TWENTY FOUR－』（01〜14）、『プリズン・ブレイク』（05〜09）、『glee／グリー』（09〜15）、『Empire 成功の代償』（15〜）など、従来の3大ネットワークが作らなかったであろう、革新的な番組を次々に放ち続け、今に至っているのがFOXネットワークである。

ちなみに、同じニューズ・コーポレーション（現・21世紀フォックス）を親会社として全米放送しているニュース専門局「FOXニュース」は、2001年9月11日の同時多発テロ事件以来、アメリカの右翼寄りの報道で賛否両論を呼び続けているが、共和党のジョージ・W・ブッシュが合衆国大統領だった時代に民主党、しかもアフリカ系初の合衆国大統領になるまでを描いた『24』を放送したというように（そしてこのドラマは後に合衆国初の女性大統領の誕生も描いている）、地上波ネットワークのFOX自体はそれほど右翼寄りではない。あえて指摘すると、後発のネットワークとして、時に刺激的で俗っぽい番組も放送する姿勢をどう解釈するかだけだ。

▼実は存在していた第5の地上波ネットワーク

FOXの成功を受けるかのように、第5の全米地上波ネットワークを作ろうとする動きが続いた。大手映画会社ワーナーが主導する「ザ・WBネットワーク」（95〜08）と、同じく大手映画会社パラマウントが主導する「UPNネットワーク」（95〜06）だ。

「ザ・WBネットワーク」は、『ヤング・スーパーマン』（01〜11、途中でザ・CWネットワークに移行）、ABCから放送を引き継いだシットコム『サブリナ』（96〜03）のシーズン5〜7、『ビバリーヒルズ高校白書』の名プロデューサー、アーロン・スペリングが製作総指揮した『セブンス・ヘヴン（原題）』（96〜06、日本未放送、途中でザ・CWネットワークに移行）、後に映画『アベンジャーズ』第1・2作を監督するジョス・ウェドンが企画した学園ホラー・アクション『バフィー〜恋する十字架』（97〜03、途中でUPNネットワークに移行）とそのスピンオフ『エンジェル』（99〜04）、ケヴィン・ウィリアムソンが企画した青春ドラマ『ドーソンズ・クリーク』（98〜03）、J・J・エイブラムス製作総指揮のキャンパス・ドラマ『フェリシティの青春』（98〜02）、『ギルモア・ガールズ』（00〜07、途中でザ・CWネットワークに移行）、『One Tree Hill』（03〜12、途中でザ・CWネットワークに移行）など、今から考えると充実したキャスト・スタッフが集まった青春ドラマの力作を多数製作したが、惜しくも2006年、「UPNネットワーク」と合併して「ザ・CWネットワーク」に生まれ変わった。

一方、「UPNネットワーク」はパラマウントが誇る人気SFサーガの4作目『スタートレック／ヴォイジャー』(95〜01)、5作目『スタートレック／エンタープライズ』(01〜05)、人気歌手ブランディ主演のシットコム『モエシャ』(96〜01)、映画プロデューサーのジョエル・シルヴァーが製作総指揮し、後にディズニーの大ヒット・アニメーション映画『アナと雪の女王』(13)でアナの声を演じるクリスティン・ベルが主演した『ヴェロニカ・マーズ』(04〜07)、プロレス番組『WWEスマックダウン』(99〜)などを放送したが、最終的には「ザ・WBネットワーク」と合併して、「ザ・CWネットワーク」になった。

また1998年には「PAX」というネットワークも誕生し、日本ではテレビ朝日のゴールデンタイムで放送された(がすぐに打ち切られた)『F.B.EYE!! 相棒犬リーと女性捜査官スーの感動! 事件簿』(02〜05)などを放ったが、今はイオンTVと名を変えて他局のヒット番組の再放送を中心にしのいでいるという状況である。

ザ・CWネットワーク

試行錯誤の末に第5のネットワークとして定着

開局：2006年9月18日／親会社：CBS／ワーナー・ブラザース

第5のネットワークをめざして10年強続いた「ザ・WBネットワーク」と「UPNネットワーク」が合併して生まれたネットワーク。但し後者の親会社だったパラマウントはコングロマリット「ヴァイアコム」に買収され、同コングロマリットから分かれたCBSがザ・CWの親会社のひとつになった。「C」はCBSのC、「W」はワーナーのWである。「ザ・WBネットワーク」の路線を引き継ぐかのように若者向け番組中心だが、「UPNネットワーク」の『スタートレック』系を思い出させる、オタクっぽさも継いでいる。『THE OC』(03〜07)、『ゴシップガール』(07〜12) などのヒット青春ドラマを放ちつつ、近年は『ARROW／アロー』(12〜)、『GOTHAM／ゴッサム』(14〜)、『ザ・フラッシュ』(14〜)、『SUPERGIRL／スーパーガール』(15〜、米国では16年までCBSで放送) といった、DCコミックス (ワーナーの子会社である出版社) の作品を原作とするファンタスティック・アクションを連発している。

全米ケーブルTVのチャンネル

まだ地上波TVしかなかった時代、全米TV界の各チャンネルは、これまでに紹介したような全米ネットワークの加盟局と、非加盟のローカル局しかなかった。

しかし、ケーブルTVの出現で、様々な専門性・個性を持つチャンネルが爆発的な勢いで次々と誕生した。それらは遅かれ早かれ、そのチャンネルでしか見られないオリジナル番組を放送し始め、地上波などの他のチャンネルとの差別化を図るようになった。

そして、比較的高額の視聴料が必要な（ケーブルの基本料金では見られない）、比較的新しい映画などの放送を売りにした「プレミアム系チャンネル」が地上波で放送できないようなオリジナル・ドラマを放送するようになる。ケーブルの基本料金だけで見られるチャンネル・パッケージに含まれる「ベーシック系チャンネル」の映画専門チャンネルや地上波ドラマの再放送を売りにしたチャンネルまでもがオリジナル・ドラマを放送するようになり、プレミアム系とベーシック系、両方のドラマは世界中でも楽しまれるようになる。

・プレミアム系チャンネル

HBO

アメリカTV界興隆の流れの中心にいた最重要チャンネル

開局：1972年11月8日／親会社：タイム・ワーナー

HBOとは「ホーム・ボックス・オフィス（Home Box Office）」の略語だ。「ボックス・オフィス」とは映画・舞台・音楽などの興行でいう「切符売場」のことで、ひいてはそこで客が支払った入場料の総売上額も指す。つまり、全米の家庭を、映画館や劇場、スタジアムのようにしようとしたチャンネルだ。視聴料も高く、ケーブルTVの契約パッケージにもよるが、日本円にして月に2〜3千円前後。だからこそ、他局に負けない高品質で話題性の高い番組を編成せねばならない。

当初は、どこよりも早い新作映画の放送、音楽の大型ライブやスポーツのビッグマッチの中継を売りにし、1990年代に入った頃は筆者もそういう認識を持っていたが、1993年、あるTVムービーに驚かされた。『運命の瞬間／そしてエイズは蔓延した』だ。当時はエイズ（AIDS）が新たな難病として大きな社会問題になっており、映画界でトム・ハンクスがエイズ患者の弁護士役を熱演した『フィラデルフィア』(93)が話題になったのと同じ年、大胆にもTVドラマでこの問題を取り上げたのが同作品。エイズ撲滅を願って特別出演したキャストの顔ぶれがすごい。リチャード・ギア、スティーヴ・マーティン、アンジェリカ・ヒューストン、イアン・マッケラン、歌手のフィル・コリンズなどそうそうたるメンバーが集まり、エミー賞で14個ものノミネートを受け、TVムービー作品賞など3部門で受賞。この作品を見てから、筆者の中ではHBOの三文字が輝くようになった。

その4年後、HBOの新たな大作の噂を聞く。『フロム・ジ・アース［人類、月に立つ］』(NHK放送題『人類、月に立つ』)だ。人気俳優トム・ハンクスが、自身が主演した映画『アポロ13』(95)のロン・ハワード監督と製作総指揮し、同じくNASAのアポロ計画の全容を全12話のミニシリーズで描くというもの。ハンクス(第1話)や映画『フォレスト・ガンプ／一期一会』で共演した女優サリー・フィールドら豪華布陣が監督を担当した(第11話)。

こうしてHBOはまず、地上波では難しい刺激的なコメディ、TVムービー、続いてミニシリーズというように自局オリジナルのコンテンツを充実させていき(ドキュメンタリーにも力を入れて日本出身の伊比恵子監督がアカデミー賞で短編ドキュメンタリー賞に輝いた『ザ・パーソナルズ／黄昏のロマンス』にも出資)、いよいよ各話が約1時間という、地上波のようなドラマ・シリーズの分野にも挑戦していく。

『OZ／オズ』（01〜05）の舞台は、殺人犯などの凶悪な受刑者ばかりを収容したオズワルド刑務所。当時、刑務所が舞台のTVドラマが生まれるとは誰も思わなかった時代だった。受刑者たちのバイオレンス、同性愛、人種差別など、TVの常識を突破する過激なモチーフをたくさん取り上げた。

続いてHBOは、ドラマは男女いずれもが楽しめるべきという全米TV界の常識にまで踏み込み、女性と男性、それぞれに向けたオリジナル・ドラマを製作して放送した。女性向けの『SEX AND THE CITY』（98〜04）と、男性向けの『ザ・ソプラノズ　哀愁のマフィア』（99〜07）である。

得意のミニシリーズも、さらにパワーアップ。トム・ハンクスとスティーヴン・スピルバーグが組んだ『バンド・オブ・ブラザース』（01）と『ザ・パシフィック』（10）、イギリスのBBCと合作し、イタリアの撮影所チネチッタでの収録に1億ドルも投じた『ROME［ローマ］』（05〜07）など、戦いをモチーフにした歴史ドラマ大作に力を入れた。

『セックス・アンド・ザ・シティ』

その後も、『シックス・フィート・アンダー』（01〜05）、『THE WIRE／ザ・ワイヤー』（02〜08）、『ゲーム・オブ・スローンズ』（11〜）、『ボードウォーク・エンパイア　欲望の街』（11〜14）、『ニュースルーム』（12〜14）、『GIRLS／ガールズ』（12〜）、『TRUE DETECTIVE／トゥルー・ディテクティブ』（14〜15）など常識に縛られない発想のドラマを連発。TV界のアカデミー賞であるエミー賞で毎年、最多受賞の常連になっている。

HBOのライバルだが、ヒロイン・ドラマの力作で台頭

ショータイム

開局：1976年7月1日／親会社：CBSコーポレーション

HBOのライバルとして生まれたショータイム（Showtime）。ただし、後発の弱みか、深夜にソフトコアと呼ばれるエロティックな映画を放送するなど、質の面では評価が低かった。しかしHBOの各オリジナル・ドラマの成功を意識した、より過激度を際立たせたオリジナル・ドラマの路線が好評を博し、近年では内容に評価が追いついていっている。

当初は手堅くSFドラマ『スターゲイト　SG-1』（97〜07、シーズン6からはサイファイ・チャンネルが初放送）で勝負に出たが、攻めの姿勢に転じたのは、ゲイの男性たちを描いたイギリスのドラマをアメリカでリメイクした『クィア・アズ・フォーク（原題）』（00〜05）から。続いて同じく同性愛（レズビアン）の女性たちを描いた『Lの世界』（04〜09）、警察の血痕分析官が殺人鬼という犯罪劇『デクスター』（06〜13）が好評を博した。

『Lの世界』が当たったからか、型破りなヒロインを描いたドラマが多い。メアリー＝ルイーズ・パーカーが大麻ビジネスに挑むシングルマザーを演じた『Weeds ママの秘密』（05〜12）、病院のERで働く有能なナースだがドラッグ依存症であるタイトルロール（イーディ・ファルコ）を描いた『ナース・ジャッキー』（09〜15）、スティーヴン・スピルバーグが製作総指揮し、多重人格者の主婦をトニ・コレットが演じた『ユナイテッド・ステイツ・オブ・タラ』（09〜11）、アカデミー賞に3度もノミネートされた実力派女優ローラ・リニーが主演した『キャシーのbig C いま私にできること』（10〜13）は、いずれも主演女優の熱演が各TV賞で高く評価された。

さらに最近では、傑作サスペンス『HOMELAND／ホームランド』（11〜）、ウィリアム・H・メイシーを主演に迎えたオフビートなホーム・コメディ『シェイムレス／俺たちに恥はない』（11〜）、リーヴ・シュレイバー、ジョン・ヴォイトが共演した『レイ・ドノヴァン ザ・

フィクサー』(13〜)、不倫カップルの関係を、各エピソードの前半と後半でそれぞれの視点から描き、まったく異なる風景を見せるという、黒澤明(くろさわあきら)監督の名作映画『羅生門』(50)を連想させる『アフェア/情事の行方』(14〜)もヒット。2017年にはヒットドラマの復活版、『ツイン・ピークス(原題)』を全米放送予定だ。

▼その他のプレミアム系チャンネル

HBOの弟のようなプレミアム系チャンネル、シネマックス(Cinemax)は、その名の通り映画、中でも比較的新しいタイトルの放送を売りにしてきたが、兄貴分であるHBOの成功を受けてか、最近はオリジナル・ドラマにもエネルギーを注いでいる。『ストライクバック:極秘ミッション』(10〜15)はイギリスの衛星放送プラットフォーム、スカイ1との共同製作で、イギリスの諜報組織とテロリストが激闘を繰り広げる、

『デクスター』

『24』タイプのノンストップ・アクション。スティーヴン・ソダーバーグ監督のオリジナル・ドラマ『The Knick（原題）』（14〜15）や、『ウォーキング・デッド』の原作者ロバート・カートマンが自身の原作コミックをドラマ化した『アウトキャスト』（16〜）も放送。

プレミアム系チャンネルには、1994年開局のスターズ（Starz）もある。イギリスBBCと合作した、『秘密情報部 トーチウッド』（06〜09）のシーズン4である『トーチウッド：ミラクル・デイ』（11）、やはり米英合作である『ダ・ヴィンチ・デーモン』（13〜15）、『アウトランダー』（14〜）など、米英合作が多いのが特徴だ。

他にも、アカデミー賞で作品賞に輝いた映画のドラマ版『crash クラッシュ』（08〜09）もあり、サム・ライミ監督が製作総指揮し、映画『300〈スリーハンドレッド〉』（07）のようなバイオレンスを満載した歴史アクション『スパルタカス』（10〜13）は日本のソフト業界でR－18指定を受けたが、タフガイ好きの女性ファンなどに歓迎されて好評を博した。

・ベーシック系チャンネル

ベーシック系でもここまでできると証明した大胆なチャンネル

FX

開局：1994年6月1日／親会社：21世紀フォックス

チャンネル名の由来は「FOXエクステンディッド（拡大させたFOX）」だが、同時に「効果（イフェクツ）」を意識したという。第4の全米ネットワークとして成功したFOXの野心を受け継ぎつつ、全米TV界に対する新たな「効果」をめざしたと思われる。

当初は映画会社20世紀フォックスのTV部門が製作した番組の再放送や、予算が少ない生放送番組が中心で、オリジナル・ドラマは低調な作品（人気ドラマ『ベイウォッチ』をパロディにした00～02年の『サン・オブ・ザ・ビーチ』など）が続いた。

全米TV界に一大旋風を巻き起こした画期的ドラマが『ザ・シールド～ルール無用の警官バッジ～』（02～08）だった。ロサンジェルスの犯罪多発地帯にある市警察の分署が舞台。そこにある特捜チームは腐敗にまみれていた。第1話のラストでは、主人公ヴィックが同僚を射

『ストレイン』

殺するという、あまりにショッキングな場面で幕を下ろした。画期的な主人公像、ヴィック役のマイケル・チクリスはゴールデン・グローブ賞とエミー賞の両方で受賞した。

続いてFXは、『ザ・シールド〜ルール無用の警官バッジ〜』のシーズン4に出演した名女優グレン・クローズをヒロイン役に迎えたリーガル・サスペンス『ダメージ』(07〜12)も絶賛を浴びて破竹の快進撃を開始して今に至っている。

新進クリエイターのライアン・マーフィを迎えた『NIP/TUCK マイアミ整形外科医』(03〜10、シーズン5・6は『NIP/TUCK ハリウッド整形外科医』に改題)と『アメリカン・ホラー・ストーリー』(11〜)に加え、日本でいう暴走族のようでほぼ犯罪組織に近いバイカー・グループを描いた『サンズ・オブ・アナーキー』(08〜14)、冷戦時代のアメリカで活動したソ連スパイの夫婦を描いた『ジ・アメリカンズ』(13〜18)、映画界の鬼才コーエン兄弟による秀作映画を、彼らが製作総指揮してドラマ化した『FARGO ファーゴ』(14〜)、映画界で『パシフィック・リム』(13)などを放ってきたメキシコ出身のヒットメーカー、ギレルモ・デル・トロ監督が自身による原作小説をドラマ化した『ストレイン』(14〜)など、質と量のバランスを考えると、ひょっとしたらケーブル界の雄HBOに負けない先鋭的チャンネルがFXである。

3大ドラマを中心に高い評価を受けたブランド

AMC

開局：1984年10月1日／親会社：AMCネットワークス

AMCとはAmerican Movie Classicsの略語。つまり、元々はアメリカの古典的名作映画を放送するチャンネルだったが、オリジナル・ドラマを製作するにあたっても従来の名作に負けない、高いクオリティのドラマを作ろうという気概も覚悟もあっただろう。

初のヒットドラマは『マッドメン』（07〜15）。大胆にも1960年代のアメリカ広告業界を舞台にした人間模様を描き、ケーブル向けチャンネルのドラマとして史上初めてエミー賞のドラマ・シリーズ作品賞を制し（しかも4年連続受賞）、AMCのイメージをぐっと高めた。続いて、日本でも人気のゾンビ・パニック・サスペンス『ウォーキング・デッド』（10〜）はケーブル向けドラマとして全米視聴者数記録を塗り替えるほどの大ヒットを記録し、その前も、平凡な高校教師（ブライアン・クランストン）がドラッグ精製ビジネスに乗り出す『ブレイキング・バッド』（08〜13）がケーブル向けドラマ史上で空前のヒット作となり、そのスピンオフ『ベター・コール・ソウル』（15〜）が今も高い人気を誇っている。

ドラマから話はそれるが、このチャンネルが同時に面白いのは、そのままDVDやブルーレイの特典になりそうなメイキング風の番組が充実していること。『ウォーキング・デッド』のメイキングのようなトーク番組『トーキング・デッド』（11〜）は日本でも好評を博している。

ＵＳＡネットワーク

気軽に楽しめる路線から多様化を展開中

開局：１９７７年９月22日／親会社：ＮＢＣユニバーサル・ケーブル

映画会社ユニバーサルと同じグループの放送局。当初は地上波の番組の再放送を重視し、だからか現在も後発のＦＸやＡＭＣと異なり、賞レースで高い評価を受けそうな番組ではなく、より大勢の視聴者を楽しませることに編成のポイントを置いているようだ。

それが功を奏したか、『名探偵モンク』（02〜09）の一部は、ＵＳＡネットワークでの放送直後に地上波のＡＢＣでも放送された。ケーブルＴＶ↓地上波の順に放送されたドラマは当時としては画期的で、多チャンネル時代における映像ソフトの新しいあり方を示した。

それから人気を博したのは、ＳＦサスペンス『４４００　未知からの生還者』（04〜07）、後に『24』を手がけるスタッフによるスパイ・ドラマ『ニキータ１９９７』（97〜01）、フロリダが舞台の犯罪捜査ドラマ『絹の疑惑　シルク・ストーキング』（91〜99、シーズン1・2はCBSが放送）と『バーン・ノーティス元スパイの逆襲』（07〜13）、ニューヨーク郊外が舞台の『救命医ハンク　セレブ診療ファイル』（09〜16、ソフト題は『ロイヤル・ペインズ〜救命医ハンク〜』）などだが、なぜかリゾート地を舞台にしたドラマが多かった。

ところが近年は都会派志向に転じたのか、ニューヨークが舞台の犯罪捜査ドラマ『ホワイトカラー』（09〜14）、同じくニューヨークが舞台の弁護士ドラマ『SUITS／スーツ』（11〜）、これまたニューヨークを舞台にして、破滅的なハッカーを主人公にし、ゴールデン・グローブ賞のドラマ・シリーズ作品賞に輝いた『MR．ROBOT／ミスター・ロボット』（15〜）などの野心作を連打。どちらに向かうかも含め、しばらく注目し続けたいベーシック系チャンネルのひとつだ。

かつての地上波のような安心して楽しめるドラマが多い

TNT

開局：1988年10月3日／親会社：ターナー・ブロードキャスティング・システム

チャンネル名はターナー・ネットワーク・テレビジョン（Turner Network Television）の略称。ターナーとは、世界初のニュース専門チャンネル「CNN」や現在も人気の「カートゥーンネットワーク」などを創業した大物、テッド・ターナーにちなむ。

ケーブルTVのベーシック系チャンネルの中では老舗で、地上波ネットワークで放送されたドラマの再放送に力を入れてきたという長年の経緯があるからか、2010年代の今見ると、ひょっとしたら最近の地上波ネットワークよりも保守的な、とはいえドラマ好きが確実に楽しめそうなタイプのドラマが充実している。

まずは、以前なら地上波ネットワークが放送したようなタイプの犯罪捜査ドラマが充実し、映画女優キーラ・セジウィック主演の『クローザー』（05〜12）とそのスピンオフで、メアリー・マクドネル主演の『MAJOR CRIMES〜重大犯罪課』（12〜）、性格が異なるヒロイン2人を主人公にした警察ドラマ『リゾーリ＆アイルズ』（10〜16）などが人気が高い。

しかし、よりスケールの大きいドラマにも挑戦中で、パンデミックの危機を描こうと、アメリカ国防総省の協力を得て実在する戦艦でもロケしたSFサスペンス『ザ・ラストシップ』(14〜)に着手。2016年にはオーストラリアの同名犯罪映画をジョン・ウェルズらの製作総指揮でドラマ化した『アニマル・キングダム(原題)』(16〜)を放つ予定。

犯罪捜査ドラマを伝統的に放送

A&E

開局：1985年1月1日／親会社：ハースト(50%)、ディズニー＝ABC(50%)

「A&E」とは「Arts & Entertainment」の略称だが、伝記などのドキュメンタリーを多数放送する一方(旧名「ザ・ヒストリー・チャンネル」である「ヒストリー」と姉妹チャンネル同士)、地上波ドラマの再放送、特に犯罪捜査ドラマを多数放送してきた伝統がある。

現在の看板番組は『ベイツ・モーテル』(13〜)だが、他局(CBS)の放送を受け継いで『アンフォゲッタブル 完全記憶捜査』(11〜)を放送したり、フランスのドラマをリメイクした『ザ・リターン』(15)も放送したりしている。

今後は、イギリスのITVアンコールが製作し、ショーン・ビーンが主演した、『ザ・フランケンシュタイン・クロニクルズ(原題)』(15)を全米初放送する予定。

とにかくSF&ファンタジーを重視したコアなチャンネル

SyFy

開局：1992年9月24日／親会社：NBCユニバーサル・ケーブル

かつての名称は「サイファイ・チャンネル」。SFやファンタジーに特化した編成で、当初はSF映画や過去に地上波で放送されたSFドラマの再放送が多かったが（『スタートレック』の各シリーズを一年中放送しているような感じ）、1998年に始まった『ファースト・ウェイブ』(98〜01)あたりからオリジナル番組にも力を入れるように。

全体的にコアなSFファンの嗜好を意識したようなドラマが多いが、『宇宙空母ギャラクティカ』(78〜79)（日本での放送題は『宇宙空母ギャラクチカ』）をリ・イマジネーションした『GALACTICA／ギャラクティカ』(04〜09)はぜひ見てみてほしい傑作ドラマだ。

イギリスのBBCのアメリカ版

BBCアメリカ

開局：1998年3月29日／親会社：BBC（イギリス）ほか

イギリスBBCのアメリカ版。BBC以外の番組も放送し、カナダ産の秀作サスペンス『オーファン・ブラック／暴走遺伝子』（13〜）をアメリカで初放送したという目利きは確かだ。本国のBBCと共同製作するドラマが増えていて、BBCが単独で製作した作品よりずっとスケールが大きいことが多い。BBCというとどうしてもイギリスの本家を連想しがちだが、アメリカ版も要注目の存在になっている。

現在の目玉は音楽よりドラマ？

MTV

開局：1981年8月1日／親会社：ヴァイアコム

かつては24時間、音楽ビデオを放送していたチャンネルだが、当初の売りだった音楽ビデオの放送は後発の兄弟チャンネル「VH-1」に任せるようになった。現在ではリアリティ・ショーなど、ユニークな着想のオリジナル番組に力を入れている。

MTV

特に、若者たちの共同生活を描く『リアル・ワールド』(92〜)は、「リアリティ・ショー」という単言の定着に貢献し、日本のTv番組業界に与えた影響も大きい。

近年はドラマにまで進出していて、ヒット・ホラー映画をドラマ化した『スクリーム』(15〜)、ベストセラーをドラマ化した『シャナラ・クロニクルズ』(16〜)を放送中だ。

第6章

架空のドラマ作りを通じて理解するアメリカTV業界用語集

本章は、アメリカTV界で活躍するプロデューサーが、あるドラマが作られ、それが成功するまでを語るという設定で、アメリカでよく使われているTV業界用語の数々を紹介しよう。ちなみにこのプロデューサーに特定のモデルはいない。

ハリウッドの敏腕TVプロデューサー、動く!

日本のみなさん、はじめまして。私はハリウッドで長年、プロデューサー兼脚本家を務めてきた男だ。自慢ではないが、何本かヒットドラマを手がけてきた。

えっ、「失敗作は無かったのか」? プロデューサーとしては大ヒット作が一本でもあれば、数本の失敗作は忘れてくれるのがハリウッドでは暗黙の了解。野暮な質問はお断りだ。

企 画

まず、アメリカのドラマにとって重要なのは「企画」だ。

どんなドラマにもタイトルを見せる「オープニング」が必ずあるが、アメリカやイギリスのドラマの場合必ず、「Created by」に始まる、クリエイター名のクレジットが出る。誰が創作したのかを示すものだが、日本では「企画」と訳すことが多い。「原作」と訳した例もあるが、小説や映画など、原作が別にあるケースもあり（その場合だとクリエイター名は「Developed by」と出る）、混乱するので「企画」とするのが適切に思える。

日本のTV界や映画界では作品作りの最高責任者をなんとなく「企画」としてクレジットすることが多いと聞いたが、アメリカのドラマの場合、そのドラマの基本設定を考えることに最も尽力した、本当のクリエイターである。熱心な映画ファンが必ず監督を意識するように、コアな海外ドラマ・ファンだったら誰がそのドラマを「企画」したかに注目してほしい。以下、このドラマは私が「企画」したという前提で話を進めていきたい。

製作総指揮

あるクリエイターが生んだ「企画」があった上で、次に重要なのは「製作総指揮」だ。映画もドラマも必ず作品作りの責任者であるプロデューサーがいるが、アメリカのドラマについては彼らを統括する「製作総指揮（Executive producer）」が重要で、実際、ビッグネームが並ぶことが多い。最近のドラマは「オープニング」の後、出演者などに続いて多くの「製作総指揮」がクレジットされているが、最初から作品作りをリードしている面々は、各エピソードの最後にクレジットされることが多い。

製作総指揮の役割は一言で説明するのがとても難しいが、「その作品の成功を保証する」ことといえよう。『CSI』シリーズでいうと、映画界の大物プロデューサー、ジェリー・ブラッカイマーがクレジットされ、彼の会社が番組を作っているが、「ブラッカイマーが製作総指揮するなら、この作品はヒットの可能性が高い」と、製作費を出資する他社や放送するTV局などに対し、この顔ぶれが保証をしているのだ。

最近の『ハウス・オブ・カード　野望の階段』(13〜)を例に挙げて説明してみよう。シーズン1第1・2話を監督した映画界の鬼才デヴィッド・フィンチャー監督、主演のケヴィン・スペイシー、番組のメイン脚本家ボー・ウィリモン、フィンチャー監督と親しい脚本家(しかし本作では脚本を書いていない)エリック・ロス(映画『フォレスト・ガンプ/一期一会』でアカデミー賞の脚色賞を受賞)、スペイシーが創設して本作も製作しているトリガーストリートプロダクションの社長であるダナ・ブルネッティ、原作小説の作者マイケル・ドブズ、同小説を先んじてイギリスでドラマ化した際の脚本家アンドリュー・デイヴィスなど、多くの名前が製作総指揮としてクレジットされている。このドラマに出資するソニー・ピクチャーズや配信するネットフリックスに対して作品の成功を保証する代わりに、作品が成功した場合、収益の一部を彼らが受け取れることも保証している。

製作総指揮としてクレジットされることが多いのは、「企画」の担当者（本作ならウィリモン）。続いて、本作でいうブルネッティのような製作会社の社長、主演俳優、フィンチャーのように第1話を演出して番組の方向性を決めるのに貢献した監督だ。製作総指揮としてクレジットされる名前がどんどん増えているのは、最近のアメリカのドラマがいかに世界中で高い収益を上げているかの反映であり証明でもある。

パイロット版

優れたクリエイターの優れた「企画」のもと、信頼のおける「製作総指揮」が集まった。「ピッチ（pitch）」と呼ばれるドラマの企画書が、ハリウッドでは毎年、一千数百本も放送局に（近年なら動画配信サービスにも）送られる。

そんな一千数百本のうち一〇〇本弱に、サンプル版として作られるエピソード、「パイロット版（pilot）」を作っていいという青信号が灯る。

最終的にそのドラマが実現すると第1話になるケースが多いが、惜しくもドラマの製作が決まらず、そのまま日の目を見ず、いわゆる「お蔵入り」となるパイロット版もかなりある。もったいないが、我々がいるアメリカTV界はそれほど厳しい世界なのだ。

また、パイロット版の出演者が実際の放送では別の俳優に変わったり、登場人物が変更されたり減らされたりすることもある。最近はリブート映画版が話題になっているSFドラマの名作『スタートレック（宇宙大作戦）』(66〜69)では、シーズン1第11・12話には宇宙船USSエンタープライズの元船長パイクが登場するが、パイロット版では彼がこのドラマの中心人物だった。しかし、カーク船長（ウィリアム・シャトナー）が中心人物に変わったため、幻のパイロット版のフィルムを流用してこのエピソードを作った。

また、かつてはパイロット版をTVの2時間ドラマ枠でも放送できるよう作るケースも多かった。そうして作っておけば、連続ドラマ化にゴーサインが出なかったとしても一本のTVムービーとして国内外で放送し、製作費を一部でも回収することができる。

ちなみに『ハウス・オブ・カード　野望の階段』はあまりに期待が高く、ネットフリックスはパイロット版無しでシーズン1全話の製作を決めた。

TV界の俳優事情

企画が通った連続ドラマを作るにあたって気にかけるべきポイントはとても多いが、ひとつずつ説明していこう。

最重要ポイントは、主演俳優が誰かだ。収録が始まる直前まで検討に検討を重ねることも珍しくない。ちなみにアメリカでは一番の主演スターになるとTV局の重役クラスが出演依頼に出向くが、あとは新人もベテランも全員、オーディションを受ける。

連続ドラマで画面に出る出演者のクレジットだが、日本の映画やTVでは順序の最初と最後に重要なキャストが並ぶと聞いたが、アメリカのドラマではまず、キャストは4種類に分類される。「主演クラスと準主演クラス」「スペシャル・ゲスト・スター」「比較的重要なゲスト」「比較的重要ではないゲスト」だ。以上は先から出演料が高い順番だ。

まず「主演」はそのドラマの顔でもある主人公役の俳優。局の広告やポスターに必ず顔が出るようなクラスで、一人の場合が多いが、二人や三人の場合もあるし、ヒットコメディ『フレンズ』(94〜04)では六人全員が主演だった。「準主演クラス」はほぼ毎週する出演者だが、キャストの集合写真には入っていても広告などの宣伝には出ないクラス。以上が「レギュラー」だ。

以下が「ゲスト」で、既にTV界や映画界で実績があってネーム・バリューがあるスターは「スペシャル・ゲスト・スター」として、番組冒頭のクレジットに名前も出てくる。「比較的重要なゲスト」は出演シーンも台詞もそれなりにあり、やはり番組冒頭のクレジットで名前が出るが、「比較的重要ではないゲスト」は出演が一シーンだけだったり台詞も少なかったりして、番組が終わった後に名前が出て来るクラスだ。

全米俳優組合（SAG-AFTRA／Screen Actors Guild―American Federation of Television and Radio Artists）は俳優に支払われる出演料を厳密に規定している。アメリカにおいて映画なら初上映の後、TVなら初放送の後、様々な機会に上映・放送されたりソフト化された場合、「二次使用料」が発生するが、俳優は作品にどうクレジットされたかでそれを受け取れるケースと受け取れないケースがある。

さて、アメリカの人気TVスターがいくら稼いでいるか、気になる人は多いだろう。有力経済誌「フォーブス」の記事を参考にしたトップ10人のランキングを見てくれ。

10人中、なんと4人が『ビッグバン★セオリー ギークなボクらの恋愛法則』（07～）、2人が『ハーパー★ボーイズ』（03～15）と、30分コメディ（シットコム）組が圧勝だ。どうして30分コメディがこれほど強いかというと、「シンジケーション」の市場で人気だから。日本ほどバラエティ番組が強くないアメリカでは、大ヒットした30分コメディはありとあらゆるチャンネルで10年以上再放送されるので、それを見込んでの報酬なのである。

レイ・ロマーノ主演の『Hey！レイモンド』(96～05)もコメディで、番組終了から10年以上経った現在も再放送され続けているので、ロマーノはかなり儲かっている。

余談だが、出演料が同じである第1位のジム・パーソンズと第2位のジョニー・ガレッキに200万ドルの差があるのは、パーソンズはインテルのCM出演料とブロードウェイ舞台『アン・アクト・オブ・ゴッド(原題)』の出演料という別の収入もあったからだ。

最近ではドラマの出演料も悪くないと、映画界のスーパースターのド

2015年度　アメリカTV界　スター収入ランキング		
第1位	ジム・パーソンズ 年収2900万ドル	『ビッグバン★セオリー　ギークなボクらの恋愛法則』
第2位	ジョニー・ガレッキ 年収2700万ドル	『ビッグバン★セオリー　ギークなボクらの恋愛法則』
第3位	マーク・ハーモン 年収2000万ドル	『NCIS～ネイビー犯罪捜査班』
第3位	サイモン・ヘルバーグ 年収2000万ドル	『ビッグバン★セオリー　ギークなボクらの恋愛法則』
第3位	クナル・ネイヤー 年収2000万ドル	『ビッグバン★セオリー　ギークなボクらの恋愛法則』
第3位	アシュトン・クッチャー 年収2000万ドル	『ハーパー★ボーイズ』
第7位	ジョン・クライヤー 年収1500万ドル	『ハーパー★ボーイズ』
第7位	レイ・ロマーノ 年収1500万ドル	『Hey!レイモンド』
第9位	パトリック・デンプシー 年収1200万ドル	『グレイズ・アナトミー』
第9位	サイモン・ベイカー 年収1200万ドル	『メンタリスト』

※ドラマの俳優に限定。アメリカ「フォーブス」誌調べ。

ラマ出演が相次いでいるが、しばらくその傾向は続くんじゃないだろうか。

ロケ地

ドラマがどんな土地、どの町を舞台にするかも慎重に考慮すべきだ。

折角なのでアメリカで、TV界にとどまらず映画界でも「お家芸」とされている手法についてふれておこう。

アメリカの映画界もTV界も、映画・TVの製作会社が密集する、ロサンジェルスのほぼ中心にあるハリウッドやその近郊（北側は特に「ステューディオ（スタジオ）・シティ」と呼ばれるほど撮影所が多い）に基盤を置くことが多い。

たとえば大ヒット作『CSI』の4部作なら、第1作はカジノの町ラスベガス、第2作は東海岸南部のマイアミ、第3作は東海岸の大都市ニューヨークを舞台とし、第4作は首都ワシントンD.C.や全米各地を舞台にしたが、基本的に撮影は全部ロサンジェルスで行われた。

単純に、いちいち現地に行って撮影していたら、製作費がかかって仕方がないからだ。

これは現在のようにドラマの予算が大型化するよりずっと前、映画がハリウッドで作られるようになった昔からの伝統だ。だがハリウッドを離れて行う撮影は急増しており、特に近年、その傾向は大きく変わりつつある。

製作費が急騰した近年のTV界において、作品によっては、アメリカ東海岸が舞台のドラマなら現地、歴史ドラマやファンタジーなら海外でロケをして作品全体のクオリティを高めようという考え方が広がっている。

その始まりでは全20シーズンも続いたNBCの『LAW&ORDER』(90〜10)の存在が大きい。ニューヨークで働く刑事たち・検事たちを登場人物に、前半は警察による犯罪捜査を、後半は検事局による訴追を描いたこのユニークなドラマは、当時まだ珍しかったニューヨークでのオールロケをしたのも大きな特徴だ。

それに先がけたのは同じくNBCの『ホミサイド/殺人捜査課』(93〜99)。映画『レインマン』のバリー・レヴィンソン監督を製作総指揮と第1話などの監督に迎えたこの刑事ドラマは、ワシントンD.C.に近い犯罪多発地帯ボルチモアを舞台に、現地でドキュメンタリー風の演出を多用する大胆なスタイルで、従来のドラマ好きを驚かせた秀作だ。

さらに、やはりHBOの2大ヒット作、『SEX AND THE CITY』(98〜04)と『ザ・ソプラノズ 哀愁のマフィア』(99〜07)も、ハリウッドがある西海岸ではなく、それぞれ東海岸のニューヨークやニュージャージー州を舞台にした（HBOの本社がニューヨークにあることが影響したのかもしれない）。何より、東海岸でドラマを製作する最大のメリットは、アメリカ演劇界の中心、ブロードウェイで活動する実力派俳優たちを起用できることだ。

若者向けドラマ『ゴシップガール』（07〜12）も物語の舞台と同じ、ニューヨークでロケをした。マンハッタンで暮らす裕福な若者たちの恋愛模様を同じマンハッタンでロケして描いた効果は格別だった。若者向けドラマと侮れない、ゴージャスさできらめいていた。

また、ニューヨーク郊外にもビバリーヒルズのような土地がある。ハンプトンズだ。ニューヨークの東側、ロングアイランドの最東端にあり、セレブの豪邸や別荘がひしめいている。ここを舞台にしたドラマも、『ロイヤル・ペインズ〜救命医ハンク〜（救命医ハンクセレブ診療ファイル）』（09〜16）、『リベンジ』（11〜15）、『アフェア／情事の行方』（14〜）と次々と生まれた。

東海岸・西海岸以外も、かつてならドラマが収録されたことがない町まで舞台にし、アメリカ中をキャスト・スタッフが飛びまわり収録するケースが本当に増えている。広いアメリカは、ようやくその多様性がドラマに反映されだした。

また、SFものやアクションものなど、アメリカ映像業界の外注で実力を培ったカナダもやはり無視できない選択肢だ。

さぁ、撮影開始だ！

ここまでの自分の苦労や努力も相当なものだったが、ようやく連続ドラマ化にゴーサインが出るとさすがにほっとする。しかし、まだやるべきことは山のように残っている。

シーズン

アメリカTV界で最も重要な単語を紹介しよう。

現在は例外がたくさん増えたとはいえ、アメリカTV界（特に地上波）では毎年9〜11月が一番大きい改編期（「フォール・シーズン・プレミア」と呼ぶ）で、最も多く新番組が始まる。そして翌年5月頃までの期間を「シーズン（season）」と呼ぶ。

たとえば、あるドラマの2年目が9月に始まって翌年5月まで続いたら、その分は「シーズン2」と呼ぶ（日本では「第2シーズン」と呼ぶことも）。

6〜8月はTV全体の視聴率が下がるので、各ドラマの旧作を再放送したり、スポーツ中継などのスペシャル番組を放送する。日本のように一年中、新しい番組は放送しない。

但し、現在は地上波でも6~8月を「サマー・シーズン」と呼び、話数が少なめの新作ドラマを放送するケースがとても増えている。

ちなみにイギリスでは、シーズンではなく「シリーズ」と呼ぶ。一方、アメリカでは毎週のように放送する番組自体を「シリーズ」と呼ぶので、混乱しないよう気をつけたい。

エピソード

「エピソード(episode)」とはドラマの各話のこと。日本語ではこの言葉を「話題」「余談」の意味で使うことが多いと聞くが、アメリカのTVのドラマでは作品を構成する各話を指す。

各シーズンのエピソード数だが、全米の地上波ネットワークは9月~翌年5月に計22~24話を放送することが多い。3~4週間に1回は休みがある計算だが、休みの週では新作の代わりにそれまでで好評だったエピソードを再放送する(日本人にとってはユニークかもしれないが)。

一方、ケーブルのドラマは各シーズン、計10~13話からなることが多い。エピソード数が少ない分、濃密な内容にできるのは有利だ。また、『ウォーキング・デッド』(10~)など一部のドラマは1つのシーズンを各8話ずつからなる前半と後半に分け、間に数カ月の休止期間を置いている。

実は近年、ケーブルの影響だろうが、地上波でも各シーズンが10～13話というケースが増えている。『24 ―TWENTY FOUR―』(01～14)のシーズン9、『～リブ・アナザー・デイ』(14)が従来の半分の全12話だったように。

2つのレイティング

アメリカのTV界では、2つの「レイティング(Rating)」が重視される。「視聴率(Rating)」と日本の映倫のような「××指定(×× Rating)」だ。

TVなので「視聴率」が重視されるのは当然のことだ。但し最近は、正確にはCMスポンサーの企業が求める、「視聴者数(viewers)」のほうが重視されている。中でも最も消費行動が旺盛な18～49歳の「視聴者数」がアメリカのTV局にとっては重要だ。

日本のTV界でも、番組の視聴率が高かった・低かったという話題がよく取り沙汰されているが、いつしか全米TV界では「視聴率」よりも「視聴者数」を重視するようになっていた。特に地上波において、どの視聴者にどれだけのCMを見せることができたかを重視するのは当然で、合理的な判断であると思われる。

そしてもうひとつ、「××指定」について紹介しよう。

アメリカでは1997年から、「TVペアレンタル・ガイドラインズ（TV Parental Guidelines）」が導入されている。全米の各家庭でどの番組を見ていいか・見てはいけないかをガイドするのが役割だ。各世帯に置かれたTV受像機に内蔵された「Vチップ（V-chip）」という装置を通じて、見ていい番組は見せ、見てはいけない番組は見せないよう制御することで、ドラマが視聴者に与える悪影響を回避するのが目的の制度だったが、結果的にはドラマ全体を格付けして、それさえ守ればあとは過激な表現をしていいという風潮を促した。

このガイドラインは各番組を、子供向け番組については2種類、幼児も見られる「TV－Y」、7歳以上が見られる「TV－Y7」に分け、その他の番組は、誰でも見られる「TV－G」、子供が保護者と見るべき「TV－PG」、14歳未満が見ることを禁じた「TV－14」、17歳未満が見ることを禁じた「TV－MA」という4種類に分けて指定している。

またアメリカでは、番組が始まる直前、この番組がどの指定を受けているかが明示され、どうしてこの指定なのか、理由まで説明される。いくつか記号が決まっていて、「V」は暴力（Violence）、「S」は性的状況（Sexual situations）、「L」は下品な卑語（Coarse or crude language）、「D」は皮肉っぽい台詞（Suggestive dialogue）、「FV」は「TV－Y7」で使われるファンタジー暴力

（Fantasy violence）だ。

おかしなことに「Vチップ」はあまり普及せず、「××指定」だけ重視されている。全米の多くの家庭では子供が大人に隠れてこっそりと大人向け番組を見ているかもしれない。

LAスクリーニング／サンディエゴ・コミコン

ドラマを作るのと、それを宣伝するのは同じくらい重要だ。いい作品が出来上がったからとそれで満足するようでは、生き馬の目を抜くハリウッドでは生き残れない。

「LAスクリーニング（L.A. Screenings）」は、毎年5月にハリウッドで開かれているTV番組の見本市だ。大手映画会社のTV部門は、それぞれが持つ巨大な撮影所（スタジオ）に、日本など世界中からTV関係者を集めて秋から全米放送する新作ドラマをプロモーションし、関係者同士の情報交換も盛んに行われている。

メジャーではない会社やアメリカではない会社も、ビバリーヒルズの近く、センチュリー・シティなどの大型ホテルに営業用のスペースを借りてセールスに励む。

また、秋の全米放送開始直前ということで宣伝の場として注目を集めているのが、ロサンジェルスの南、サンディエゴで開催される「コミコン・インターナショナル（Comic-Con International)」、別名「サンディエゴ・コミコン」だ。

元々は日本の「コミック・マーケット（コミケット）」のような、映画・TV・コミックのファンが集まるイベントだったが、世界的に知名度が高まり、参加者がSNSで情報を発信することも増え、また、ハリウッドとサンディエゴが近いこともあって、映画やドラマの人気作や新作のキャスト・スタッフがここでPR活動をする機会が非常に増えている。

オンエアが始まった！　ところが……!?

私の新作ドラマは9月某日、地上波の某ネットワークで放送が始まった。全米TV界、特に地上波において重要とされているのが、11月、2月、5月の視聴率だ。TVにCMを出稿している広告業界やスポンサー企業は、「スウィープ（sweep）」と呼ばれるこれら3つの期間の視聴率を参考に、各番組の成功・不成功をジャッジすることが多い。

たとえば9月に始まったドラマなら、フルシーズンで継続する（全13話の予定を全22〜24話に増やす）かどうかの判断は2カ月後の11月の「スウィープ」を受けて行われることが多く、ドラマを次シーズンに継続するかどうかは、翌年の2月や5月の「スウィープ」で判断されることが多い。

マニアックだが、地上波のドラマが急展開したり、いきなり盛り上がったら、それは作り手たちが「スウィープ」を意識したからだと知っておくと、にやりと出来たりする。

ミッド・シーズン

アメリカのTV界にも当然、低視聴率を原因とする「打ち切り」はある。恐ろしいことに、1話か2話しか放送しないで「打ち切り」になる番組が毎年最低でも1本はある。それら打ち切り番組の終了後、代わりの新番組をスタートさせるのが、毎年1月の「ミッド・シーズン(mid-season)」に行われる番組改編、「ミッド・シーズン・リプレイスメント(mid-season replacement)」だ。

ちなみに「打ち切り」にあたる英語は「キャンセル(Cancel)」だが、注意したい。あくまでそのTV局が製作会社に対して続くエピソードを放送することを「キャンセル」しただけである。

全米TV界では、ある局にキャンセルされたドラマが他の局に移って再開することが多い。最近では、2015年からCBSで放送された『SUPERGIRL/スーパーガール』が同局からキャンセルされ、シーズン2からはザ・WBネットワークに移って継続することが決まった。他のDCコミックス原作ドラマがザ・WBで放送されていることもあり、この「移籍」を歓迎しているファンはむしろ多いかもしれない。

実際、他局に移ってロングランに成功したドラマは多数ある。NBCで1シーズンだけで打ち切られた『ベイウォッチ』（89〜01）は主演のデヴィッド・ハッセルホフも協力してシンジケーションに売り込んで復活。それから10シーズンも続き、当時、世界で最も見られているドラマに仲間入りしたほどだ。

また、アメリカTV史を振り返ると面白いのは、各チャンネルが一年で最大の改編期である秋を避け、あえてミッド・シーズンで勝負に出たようなドラマが多いことだ。

ロングラン中のメディカル・ドラマ『グレイズ・アナトミー』（05〜）だが、ABCはあえてミッド・シーズンに持ってきたような気がしてならない。というのも、同じヒットメーカー、ションダ・ライムズが後に企画した『スキャンダル』（12〜）もミッド・シーズンに始まったからだ。アメリカTV界のひとつのお祭り期間として要注目だ。

できれば取りたいTV賞

秋に番組が始まった後、「キャンセル」されることもなく、「ミッド・シーズン」後への継続が決まったら、後は次シーズンへの継続を目指すだけだ。次シーズンへの継続が決まれば、それだけでまた10話強〜13話の仕事を私のチームはすることができる。

そうなるには、できれば視聴率（視聴者数）以外の箔付けがほしいところだ。さらにいえば、授賞式が全米にTV中継される、以下の「2大TV賞」にノミネートされるとありがたい。

エミー賞（The Primetime Emmy Awards）

映画界の「アカデミー賞」、音楽界の「グラミー賞」、演劇界の「トニー賞」と並ぶ、全米TV界で最高の権威が「プライムタイム・エミー賞」だ。エミー賞にはいくつかあるが、「プライムタイム・エミー賞」が間違いなく最高のステイタスだ。

アカデミー賞と同様、TV業界で働く人々によってエミー賞が選ばれることになっているが、近年は特に、その保守的な受賞傾向が疑問視されがちだ。

世界的なドラマ需要の活況を受けるかのようにフレッシュな傑作が次々と生まれている全米TV界だが、一方で同じドラマが何年間にもわたってエミー賞でたくさんの部門にノミネートされていて、これは「保守的」だ。しかし、それでも素晴らしいのは、低視聴率番組でもキャスト・スタッフの仕事が優れているなら、それを正当に評価している点にある。

プライムタイム・エミー賞は、プライムタイム（夜の時間帯）のドラマ、TVムービー、リミテッド・シリーズ（従来はミニシリーズと呼んだ）、リアリティ・ショーといったエンターテインメント番組を対象にしており、それら以外、ソープオペラ（お昼のメロドラマ）などを対象にした「デイタイム・エミー賞」、スポーツ番組を対象にした「スポーツ・エミー賞」、英語圏以外で作られた番組を対象にした「国際エミー賞」などもある。

ゴールデン・グローブ賞（The Golden Globe Awards）

ハリウッドで活動する海外メディアの記者たちからなる「ハリウッド外国記者協会（HFPA／Hollywood Foreign Press Association）」が主催し、1944年から開催。ちなみに2016年夏の時点で協会に所属しているのは約90人で、日本人記者は3人、成田陽子氏、中島由紀子氏、小西未来氏（ジーン・E・カミングス氏もいるという説があるが何者か不明）。

毎年1月に授賞式が行われることが多いこの賞の特徴としては、TVの部に先がけて映画の部が存在してきたこと（映画界のアカデミー賞の前哨戦になっている）、そしてTV業界で働く人々が投票するエミー賞と異なり、業界外、メディアによる評価が窺える点にある。

TVの部の傾向としては、時代の少し先を行く「青田買い」の傾向がある。たとえば2016年1月発表の第73回、TVの部ではドラマ・シリーズ作品賞を『MR. ROBOT／ミスター・ロボット』(15〜)、ミュージカル／コメディ・シリーズ作品賞を『モーツァルト・イン・ザ・ジャングル』(14〜)が受賞したが、いずれも発表から1年以内、しかも動画配信サービス発の最新作だった。

各俳優部門も同じように発表から1年以内の新番組から選ばれることが多いが、中にはその後、成功しなかった俳優が多いのは弱ったもの。それでも前年の後半、アメリカTV界でどんな作品・才能に注目が集まったかが分かる絶好の機会である。

また、授賞式もエミー賞と異なり、パーティー風にセレモニーが行われるため、集まったセレブの顔がTV中継でよく見えるのも特徴だ(中には酒で酔っ払っている顔も)。ちなみに2012年からは日本の「X JAPAN」のYOSHIKIが作ったテーマ曲が使われている。

伝統的なイベント、ゴールデン・グローブ賞だが、問題が無くもない。まず、投票する会員の数が少ないため、単純にどれほど信用できるのか。また、特に映画の部では作品が

「ドラマ」と「ミュージカル／コメディ」のどちらに分類されたかが問題視されることが多い。第73回の映画の部でミュージカル／コメディ作品賞を受賞したSF映画『オデッセイ』(15)のリドリー・スコット監督も、思わず「コメディ?」と受賞の壇上でぼやいた。

ドラマが大ヒット！　まだまだ儲けるぞ！

ドラマの成功を受けてその知名度を利用し、共通する登場人物や同じ世界観に基づいて製作された作品のことを「スピンオフ(spin-off)」と呼び、また、アメリカではオリジナルの作品とスピンオフの各作品を合わせて「フランチャイズ(franchise)」と呼ぶ。ちなみに、日本だと『ウルトラマン』『仮面ライダー』シリーズなどの特撮ドラマも「フランチャイズ」だ。

スピンオフ自体は、けっして新しい手法ではない。懐かしいところでは、おしゃれなムードを売りにした探偵ドラマ『サンセット77』(58〜64)から、異なる町を舞台にした、『バーボン・ストリート』(59〜60)、『ハワイアン・アイ』(59〜63)、『サーフサイド6』(60〜62)が生まれるなど、数年に一本は何かしらスピンオフが生まれている。

近年、アメリカのドラマで代表的なフランチャイズは、2016年夏までに5作品が作られた『LAW&ORDER』や4作品が作られた『CSI』だ。

そんな『LAW&ORDER』のフランチャイズを生んだプロデューサー、ディック・ウルフが近年手掛けているのが、アメリカ第三の大都市シカゴで働く消防士たちを描いた『シカゴ・ファイア』(12〜)に始まる『シカゴ』フランチャイズだ。

シカゴの警官たちを描く『シカゴP.D.(原題)』(14〜)、シカゴの病院を舞台にした『シカゴ・メッド(原題)』(15〜)といったスピンオフ2本を発進させ、新たにシカゴで働く検事たちを描く『シカゴ・ジャスティス(原題)』も準備中だ(16年夏時点)。

また、ウルフのヒット作『LAW&ORDER:性犯罪特捜班』(99〜)と『シカゴ・ファイア』『シカゴP.D.(原題)』のキャラクターたちが一堂に会する3人ドラマのクロスオーバー(後述する)も生まれた。

「スピンオフ」という言葉は日本でも定着したそうだが、貢献したのは『踊る大捜査線』のシリーズと聞いている。『踊る大捜査線』の最初のドラマ版自体、随所にアメリカの刑事ドラマの影響を感じさせたが、映画版第2作『踊る大捜査線 THE MOVIE 2 レインボーブリッジを封鎖せよ!』(03)の2年後、『交渉人 真下正義』『容疑者 室井慎次』(共に05)という映画2本が盛んに「『踊る大捜査線』のスピンオフ」と宣伝されたようだ。

そういえば最近、ハリウッドでは「マーベル・コミックス」と「DCコミックス」という2大コミック出版社の人気作品がどんどん実写映画化されているが、ひょっとしたらTV界の「フランチャイズ」をお手本にしているのではないかと思うが、どうだろう。

クロスオーバー／バックドア・パイロット

全米で同じチャンネルの2番組以上、もしくは同じプロデューサーによる2番組以上が、それぞれに登場人物を貸し出し合う、イベント的なエピソードが「クロスオーバー」だ。各番組のファンに別の番組にも関心を持たせ、どちらも人気を高める効果が期待できる。

アメリカで近年、最も話題になったのは2009年の『CSI：トリロジー』。『CSI：科学捜査班』の主要キャラ、ラングストン（ローレンス・フィッシュバーン）が、『CSI：マイアミ』『CSI：NY（ニューヨーク）』の各舞台に飛んで各番組の主要キャラたちと合同捜査をするという、各番組のファンにはたまらない一大イベントになった。

そして「バックドア・パイロット」とは、既に成功を収めたドラマのあるエピソードを、これから新しく作られるドラマのパイロット版にしてしまう手法だ。

「フランチャイズ」の例として紹介した『CSI』だが、第1作『～科学捜査班』のシーズン2第22話を第2作『～マイアミ』の事実上の第1話にし、そんな『～マイアミ』のシーズン2第23話を第3作『CSI：NY』の事実上の第1話にした。

また『～科学捜査班』シーズン14第21話は、第4の『CSI』、『CSI：サイバー』の第1話になったが、実際は『～サイバー』の開始が遅れて、『～科学捜査班』シーズン15第6話も『～サイバー』のバックドア・パイロット第2弾になった。

視聴者にスムースに新番組を紹介できるため、番宣としても高い効果が期待できる。

ドラマの映画化

せっかく大成功したドラマがあるなら、それでさらに稼ぎたい……いや、映画化に挑戦してみたいと思うのはドラマの作り手の親心のようなものだ。

アメリカ映画界では1990年代あたりから、過去の人気TVドラマを映画化するケースが増えた。もっとも、TVドラマの映画化で最初に大成功したのは1955年の『マーティ』だろう。映画界の頂点である第28回アカデミー賞において、本作は4部門を受賞。監督賞に輝いたデルバート・マンも脚色賞に輝いたパディ・チャイエフスキーも、元々はTV界で活躍した才能であった。

当時はTV界が映画界に見下されていた時代だが、逆にTVの普及率が低かった時代ならではの珍事と解釈することもできる。

1990年代から過去の人気TVドラマを映画化するケースが増えたのは、アメリカの多チャンネル化が背景にある。そこで再放送されたドラマの一部は知名度を以前より高め、それをあてにする映画化が増えたのだ。

シットコム『アダムスのお化け一家』(64〜69)を映画化した『アダムス・ファミリー』(91)や、TV版(63〜67)をハリソン・フォード主演で映画化した『逃亡者』(93)、『じゃじゃ馬億万長者』(62〜71)を映画化した『ビバリーヒルビリーズ/じゃじゃ馬億万長者』(93)あたりがまず注目を集めた。トム・クルーズ主演・製作で『スパイ大作戦』(66〜73)を映画化した『ミッション:インポッシブル』(96〜)シリーズが恐らくは最高の成功例で、ドラマの映画化はひとつの路線として定着した感がある。

とはいえ、TVドラマの映画化が常に成功するとはかぎらない。アメリカでは知名度が高くても海外では人気が低いことも多い。また、同名ヒットドラマを映画界の人気女優3人の主演で映画化した『チャーリーズ・エンジェル』(00)に影響されてか、原作ドラマをわざとコミカルに味付けし直して映画化するケースが多いが、正直にいって微妙というケースが少なくない。

映画のドラマ化

「ドラマの映画化」の話題が出たので、反対に「映画のドラマ化」にもふれておこう。

TVドラマ黎明期の大ヒット作『名犬ラッシー』(54〜73)が映画『家路』(43)を下敷きにしたものであったりと成功例は少なくない。朝鮮戦争を舞台にしたブラックユーモアコメディ映画『M★A★S★H マッシュ』(70)をドラマ化した『マッシュ』(72〜83)は最終話の視聴率が60・2%をマークし(その年のスーパーボウルの生中継を超えた)、アメリカTV史上最高記録となるなど、確かに映画のドラマ化は多いが、反対に目も当てられないような失敗例も多い。

たとえば、迫力満点のヘリコプター・アクションを満載したオリジナルの映画から特注で作ったヘリを流用したが、明らかに迫力が激減した『ブルー・サンダー』(84)や、ヒット映画『インディ・ジョーンズ』シリーズを、同じくジョージ・ルーカスが製作総指揮してドラマ化した『インディ・ジョーンズ/若き日の大冒険』(92〜93)も、丁寧に作ってはいたが映画版に比べると明らかに地味だった。ドラマのスケールが映画に劣っていた昔は、

「やめとけばいいのに」というドラマ化が少なくなかった。

それでも、後に映画『アベンジャーズ』(12)を監督するジョス・ウェドンが、自身が脚本を担当した映画『バッフィ/ザ・バンパイア・キラー』(92)を『バフィー～恋する十字架』(97～03、他の邦題も複数あり)としてドラマ化し、映画版以上に大成功した例もある。

リュック・ベッソン監督によるフランス映画『ニキータ』(90)はハリウッドで『アサシン』(93)としてリメイクされた上、後に『24』を手がけるスタッフがドラマ化した『ニキータ1997』(97～01)、まるでその続編のような、マギー・Qをヒロイン役に迎えた『NIKITA/ニキータ』(10～13)も作られ、映画よりTVで愛された素材になった。

近年もヒット映画のドラマ化は多いが、現在のドラマのほうが当時の映画よりも製作費が多く、さらに独自のアプローチを加えられるという点に、作り手たちも魅力を感じているのかもしれない。

サスペンス映画の名作『サイコ』(60)の原作小説から登場人物だけを借り、時代を21世紀に移した『ベイツ・モーテル』(13～)や、映画『羊たちの沈黙』(91)でアンソニー・ホプキンスが演じた殺人鬼ハンニバルの、原作小説の前作『レッド・ドラゴン』に至るまでの日々をマッツ・ミケルセン主演で描いた『ハンニバル』(13～15)など、映画史に残る名作までが次々とドラマ化されている。

どれも大胆なアレンジが加えられており、オリジナルに負けないという作り手たちの旺盛な製作意図が伝わる佳作ばかりだ。

近年は『ウォーキング・デッド』の成功の影響か、以前なら難しかった（あっても失敗作が多かった）、ホラー映画のドラマ化も増えている。

カルトなホラー映画『死霊のはらわた』シリーズをサム・ライミ監督自身が製作総指揮を務めて『死霊のはらわた　リターンズ』(15〜)としてドラマ化し、ロバート・ロドリゲス監督とクエンティン・タランティーノが組んだ1996年のカルトな映画も『フロム・ダスク・ティル・ドーン　ザ・シリーズ』(14〜)としてロドリゲス自らドラマ化している。

映画界の名監督たちが自らの作品を引っ下げてドラマ界に参入しているのもポイントだ。

TVスターの裏話

優秀な俳優なしにヒットドラマを生み出すことは出来ない。しかし時として、出演俳優がドラマを破滅に導くケースも少なくない。良好な関係を維持し続けることも、プロデューサーの重要な仕事なのだ。

ドラマがヒットして順調にシーズンを重ねたとしても、スタッフの苦労は絶えることはない。

TV界出身の映画スター

アメリカのTV界では、番組が続くほどレギュラー出演者の出演料が増え続ける慣例がある上、自分もプロデューサーに加えてほしいと願い出てくる俳優も現れれば、ドラマの成功から自信を持ってしまって映画界へのステップアップを望む者も現れる。今は大抵のドラマが製作を始める段階でレギュラー出演者とは複数年（7年が多い）、出演する契約を結んでいるが、それでも映画スターになりたいと願う俳優は後を絶たない。

TV界出身の俳優が映画界で活躍するのは、かつて『拳銃無宿』(58〜61)に出演していたスティーヴ・マックィーンや『ローハイド』(59〜65)に出演していたクリント・イーストウッドなどを除くと、まるで成功しない時代が長く続いた。TV『ギジェットは15才』(65〜66)、『いたずら天使』(67〜70)にアイドル的に出演していたサリー・フィールドが映画界で苦労を続け、『ノーマ・レイ』(79)と『プレイス・イン・ザ・ハート』(84)でアカデミー賞の主演女優賞に2度輝いたあたりから潮目が変わったのかもしれない。

故ロビン・ウィリアムズだって人気コメディ『ハッピー・デイズ』（74〜84）にゲスト出演した時と同じ、おかしな宇宙人モーク役を演じたスピンオフ『モーク&ミンディ（原題）』（78〜82）を経て、映画『ガープの世界』（82）における熱演で映画スターに仲間入りした。シットコム『ファミリー・タイズ』（82〜89）のアレックス・キートン役（吹替は宮川一朗太）を経て、映画『バック・トゥ・ザ・フューチャー』シリーズで大ブレイクしたマイケル・J・フォックス、『こちらブルームーン探偵社』（85〜89）でブレイクした頃、映画『ダイ・ハード』（88）に主演したブルース・ウィリス、『探偵レミントン・スティール』（82〜87）に主演してから映画『007』シリーズでジェームズ・ボンド役に抜擢されたピアース・ブロスナンなど、TV出身の映画スターは増えていった。

実は、レオナルド・ディカプリオ、ブラッド・ピット、ジョニー・デップ、ブラッドリー・クーパーなど、現在を代表する人気男優たちはいずれもドラマに出演経験がある。ディカプリオはシットコム『愉快なシーバー家』（85〜92）の最終章であるシーズン7にレギュラー出演した。いくら人気ドラマでも、もうすぐ終わりそうな番組に出演するというのはその後の活躍からは想像できないような賭けで、私はかえってディカプリオの役者根性（オスカー像を獲得するまでの苦難の道も思い出す）を垣間見た気がする。ピットは、そんな『愉快なシーバー家』や『ダラス』(78～91)にゲスト出演したが、いずれも大雑把なイケメン役だった。デップはＦＯＸネットワークの門出を飾った『21ジャンプ・ストリート』(87～90)で人気爆発したが、最後はアイドルの道を拒んだ。

『ハングオーバー！』シリーズを経て、『アメリカン・スナイパー』(14)などで高く評価されたクーパーは、Ｊ・Ｊ・エイブラムス製作総指揮の『エイリアス』(01～06)にそう大きくないウィル・ティッピン役でレギュラー出演したが、共演のジェニファー・ガーナーも映画界で成功し、エイブラムスのキャスティング・センスには感心させられる。

女優陣ではミシェル・ウィリアムズとトム・クルーズの元妻ケイティ・ホームズは青春ドラマ『ドーソンズ・クリーク』(98～03)に出演し、売れっ子女優ジェニファー・ローレンスも売れる前の若手時代、『コールドケース』(03～10)やパトリシア・アークエット主演『ミディアム　霊能者アリソン・デュボア』(05～11)などのドラマにゲスト出演していた。

アフリカ系スターもＴＶ出身者が多い。遅咲きのベテラン、モーガン・フリーマンは子供向け教育番組『英語であそぼう　エレクトリック・カンパニー』(71～77)に出演。６年間でなんと７８０ものエピソードに出演し、全米のちびっこの人気者だった。

デンゼル・ワシントンはドラマ『セント・エルスホエア(原題)』(82～88)に６年も出演して

から映画界へ。ウィル・スミスはシットコム『ザ・フレッシュ・プリンス・オブ・ベルエアー（原題）』（90～96、日本未放送）にラッパーの「ザ・フレッシュ・プリンス」名義で出演し、ジェイミー・フォックスもシットコム『ザ・ジェイミー・フォックス・ショー（原題）』（96～01、日本未放送）で全米の人気者となり、『パシフィック・リム』（13）で菊地凛子（きくちりんこ）と共演したイドリス・エルバも、ロンドン出身だが、HBOの『THE WIRE／ザ・ワイヤー』（02～08）、イギリスの『刑事ジョン・ルーサー』（10～13）に出演していた。

映画『ルーム』（15）での熱演で第88回アカデミー賞の主演女優賞に輝いたブリー・ラーソンも、子役時代から多数のドラマにゲスト出演し（だから『ルーム』で共演した子役ジェイコブ・トレンブレイといい関係を築けたのではないか）、ドラマ『ユナイテッド・ステイツ・オブ・タラ』（09～11）ではトニ・コレット演じるヒロインの娘を演じていた。

恐らくは、『ER 緊急救命室』（94～09）で人気者になったが映画界行きに慎重だったジョージ・クルーニーあたりから、いきなり映画界には行かないという傾向が強まったと思われる。慎重にドラマと映画の二足のわらじをはいたクルーニーは、ワーナーの撮影所で『ER 緊急救命室』と『バットマン＆ロビン／Mr．フリーズの逆襲』（97）のセットを往復する時期があったが、その選択は正しかった。

ハリウッドの子役の待遇

俳優の話を続けよう。アメリカのエンターテインメント業界において、作品によっては重要な役割を担うのが「子役（child actor）」だ。彼らを収録・撮影現場でどう扱うかは俳優組合の規定のレベルを超え、法律で決まっている。

まず、何歳であるかに応じてその子役が一日何時間まで働けるかが決まっている。子役が一日あたり4〜6時間しか働けない年齢だと、たとえば幼児が主要キャラにいる映画やドラマでは、二人一役や三人一役ができる双子や三つ子の子役が重宝される。ヒットコメディ『フルハウス』（87〜95）のミシェル役に、後にセレブとなるアシュレーとメアリー＝ケイトという双子のオルセン姉妹がダブルキャストされたのもそういう事情による。

また、俳優組合の規定には、「子役の勉強を手伝う教師を準備する」という項目もある。実際、多くの撮影所に「学校（school）」という看板を掲げた建物がある。また、映画のエンド・クレジットをよく見ると、「教師（teacher）」というクレジットがあることに気づく。子役を守る伝統がハリウッドにはある。

キャストの他界

映画『ワイルド・スピード SKY MISSION』(15)などの例外があるが、ドラマには映画にあまりない俳優事情がある。ドラマを長く続けるあまり、ベテランの俳優などが高齢で亡くなってしまうことだ。

青春ドラマ『フェーム/青春の旅立ち』(82〜87)のシーズン1でベテラン教師ランドール先生を演じたマイケル・トマはシーズン2の前、癌で他界。シーズン2では亡くなった設定となり、先生の急逝を生徒たちが哀しむという、感動的なエピソードが作られた。

最近では、ベテランではないが、『リゾーリ&アイルズ』(10〜16)でバリー・フロスト刑事を演じていたリー・トンプソン・ヤングが、持病に悩んで自殺するという哀しい事態が起き、番組内でフロスト刑事は交通事故死した設定に。しかし、同僚たちがフロストとの別れを惜しむ場面は番組史上屈指の名場面になった。

このように、何年も続くドラマだからこそ、亡くなった仲間への深い哀惜が描けるというのは悲しみを上回る魅力があり、ドラマ愛が深まるきっかけにもなる。

終わりのほうは話が脱線してしまったかもしれないが、人気があるかぎりはどんな番組もなかなか終わらない。だからこそ話題や逸話がたくさん生まれるアメリカTV界を、日本のみなさんにも理解してもらえたのではないかな。

私が聞いたところでは、日本にもかつては長く続く長寿ドラマがたくさんあったそうじゃないか。最近も『相棒』(テレビ朝日系)が十年以上続いていると聞いている。

第7章

これからの海外ドラマ

アメリカTV界の現状について

この本が出る2016年夏に続く秋。9月18日には、全米TV界で最大のイベントである第68回エミー賞の授賞式が開催される。どんなドラマがノミネートされたかをチェックするだけで、今アメリカで一番注目されているドラマを知ることができるチャンスだ。但し、別章でふれた通り、ノミネーションも受賞結果もやや保守的に終わる可能性もある。

そして続く9月下旬、全米TV界では2016~17年度という新たなシーズンが幕を開け、これから1年間、多彩な作品と話題が全米TV界を彩っていくにちがいない。

地上波の全米ネットワークの新番組に限っていうと、いくつか傾向がある。

秋からかつてのヒット作『冒険野郎マクガイバー』(85~92)のリブート版(CBS)が始まり、冬以降に『24』『プリズン・ブレイク』(以上FOX)の続編が始まるというように「リメイク・続編もの」、FOXの『リーサル・ウェポン』『エクソシスト』、ザ・CWの『オーロラの彼方へ』、ABCの『タイム・アフター・タイム』(冬以降)といった「映画のドラマ化」が目立っている。

「リメイク・続編もの」や「映画のTV化」は賛否が分かれることが多いが、「期待以上に面白い」「いやそうでもない」と感想を言い合ったり議論して楽しめばいいだけのことである。

とはいえ、以上のような地上波のドラマよりは、ケーブルの各局（特にプレミアム系）や、動画配信サービスのほうが野心的なドラマを準備しているのではないかと期待せざるをえない。

2016年春にキャンセルされたタイトル

地上波が無難なリメイク企画を取り揃えた背景には、前年度の2015〜16年、多くのヒットドラマ（またはヒットを期待されたドラマ）がキャンセルされたからだろう。

比較的堅実なCBSでさえ、人気が高かった『パーソン・オブ・インタレスト』（11〜16）、『グッド・ワイフ』（09〜16）、『マイク＆モリー　マシュマロ系しあわせ日記』（10〜15）、第4の『CSI』である『CSI：サイバー』（15〜16）をキャンセルし、ABCは『キャッスル〜ミステリー作家は事件がお好き』（09〜16）を、NBCは『HEROES REBORN／ヒーローズ・リボーン』（15〜16）を、ザ・CWは『ビューティ＆ビースト／美女と野獣』（12〜16）をキャンセルした。また、ドラマではなくリアリティ・ショーだが、アメリカを10年間以上沸かせたFOXの『アメリカン・アイドル』（02〜16）が終わってしまったというのは地上波のあり方自体が変わる象徴なのかもしれない。

あらためて強調すると、全米TV界は視聴率が低い番組に対して厳しい世界である。日本ではありえないが、毎年少なくとも1本、また2本や3本の新番組が、第1話や第2話が全米放送された直後に打ち切られることがある。

ところでこれはユニークだが、本国で1~2話しか放送されなかったドラマも、日本でいう1クール、13話まで製作されていることが多いので、アメリカで未放送だったエピソードが日本などの海外で先に見られることがある。意外と面白くてぅ製作打ち切りが惜しい、なんてドラマもある。

また、一方では、ある局でキャンセルされてもチャンネルを移ったり、動画配信サービスで続編が見られることもある。日本ではTV局がドラマの著作権を持ちたがるため、「打ち切り」が死刑宣告のようになっているが、アメリカでは低視聴率番組に厳しい反面、脈さえあれば延命される番組が少なくないは夢があるといえば夢がある。

最新のネット配信ドラマ事情

2016年7月の時点で判明している、全米の各動画配信サービスが準備しているオリジナル・ドラマの情報を整理しておこう。

　2016年に入って、今後は中国、北朝鮮、シリア、クリミア半島以外でサービスを展開していくと明かしたネットフリックスは、賞レースなどで評価が高い『オレンジ・イズ・ニュー・ブラック』(13〜)を全米ではシーズン4まで配信済みだが、シーズン5〜7の配信も予定している。夏には映画監督バズ・ラーマンが企画・製作総指揮した最新ミュージカル・ドラマ『ゲットダウン』も始まった。他にも、麻薬王パブロ・エスコバルの足跡を振り返る『ナルコス』(15〜)、歴史ドラマ『マルコ・ポーロ』(14〜)はいずれもシーズン2を予定。新作も、マーベル・コミックス原作の『クーク・ケイジ』、『アイアン・フィスト(原題)』、女優ナオミ・ワッツが主演し、イギリスのワーキング・タイトル社などが製作する心理スリラー『ジプシー(原題)』、デヴィッド・フィンチャー監督と女優シャーリーズ・セロンが製作総指揮する『マインドハンター(原題)』といった話題作を準備中だ。

　Amazonは、好評の『トランスペアレント』(14〜)、『モーツァルト・イン・ザ・ジャングル』(14〜)の継続を決め、映画界の巨匠ウディ・アレン監督による初のドラマ(タイトル未定)、マイケル・ベイ監督と『LOST』(04〜10)のカールトン・キューズらが製作総指揮し、作家トム・クランシーが生んで何度も映画化されているヒーロー、ジャック・ライアンを主人公にしたドラマなどを予定している。

さらに、何かと噂される巨人、アップル社までが映像製作に進出するという噂もある。どこの会社が生き残るかも含めて、動画配信サービスの界隈からはしばらく目が離せない。

映画とドラマの関係の未来像

日本の映画業界と海外ドラマの関係についても考えてみたい。

日本、いや世界的にCDの売り上げが振るわずに低迷しているといわれる音楽業界だが、成功例もある。それは音楽のライブだ。マドンナやレディー・ガガ（そういえば彼女がドラマ『アメリカン・ホラー・ストーリー：ホテル』(15〜16) に出演したのも話題だ)、テイラー・スウィフトなどの大物アーティストは巨大なスタジアムでのライブから莫大な報酬を得ているし、また、やはり巨大な会場に多数のアーティストが集まって出演するフェスティバル（フェス）という形式の興行も好調だ。

海外ドラマだって、限定的レベルに留まるだろうが、シネコンで上映される日が来るかもしれない。現実に、イギリス本国で2016年1月1日に放送された『SHERLOCK／シャーロック』(10〜) のスペシャル・エピソード『SHERLOCK／シャーロック忌まわしき花嫁』は、イギリス国内においてBBC1で放送されているのと同じ時間にいくつかの劇場で上映され、日本を含むいくつかの国では劇場公開された。

『ゲーム・オブ・スローンズ』(11〜)が続いている間は実現が難しいかもしれないが、これから『ゲーム・オブ・スローンズ』に匹敵するようなクオリティとスケールがある、劇場の大画面で見るのがふさわしいドラマが作られたとしよう。それが1時間×10話＝10時間だったとして、どこかシネコンの小さめのスクリーンで正午から午後10時まで一挙上映するのが興行として成立するかもしれない。仮に入場料が5千円だったとしてもファンにとっては、DVD／ブルーレイを新作料金でレンタルしてもその半分近くはかかるし、CS放送に2カ月加入するのとそう変わらない。むしろ、そのドラマのファンが自分と同じような作品愛を持つファンと集まって、いっしょに作品を鑑賞することに価値を見出すかもしれない。そのシネコンにとっても一人の観客が一日に映画を3本ぐらい見るのと変わらないから、メリットは確実にある。上映方式がフィルムではなくデジタルであることが条件だが、もう可能なスクリーンは多い。

実際、映画業界においても、3D上映や爆音上映、4DXやMX4Dといった4D上映(観客が座った椅子が揺れるなどの体験型アトラクションに近い)に関しては、観客がわざわざ劇場に足を運んでまで映画を見たいと思わせることに成功している。

現在のハリウッドと同様、映画とドラマの間から垣根が取り払われることが、日本の劇場でも起こりうることを信じたい。

日本のTVドラマに対して少しだけ提言を

筆者は日本のドラマをまったく見ない人間ではない。WOWOWの「連続ドラマW」はよく見ているし、NHKにも優れたドラマは多い。

しかし、もっと色々なドラマがあってほしいと、只それだけを願っている。

たとえば夜10〜11時台など、放送の冒頭で15歳以下の視聴を禁じるような、大人向けの濃厚なドラマを放送してみてはどうだろう。

大人向けの商品を売りたい企業は、夜の早い時間帯でCMを流すのではなく、そういう遅い時間帯の大人向けドラマのスポンサーになればいいのではないか。大人向けに特化した、家族揃って見ることはできないが大人の消費者に確実に喜ばれる、そんな濃密なドラマがあってもいいはずだ。

また、すでに一部の人気ドラマは何度も再放送されているが、ドラマはもっと再放送されていい。アメリカではＨＢＯなど、オリジナル番組を何度も再放送するが、一種の減価償却のようだ。再放送の人気が本放送にフィードバックされる可能性も大だ。但し、それらがそれなりにお金も手間暇もかけた、クオリティの高い番組であることが条件だが。

近年、日本の地上波ネットワークは生放送に力を入れ、朝から夕方までずっとニュースや情報バラエティを放送している。確かにＴＶは速報性が重視されるメディアだが、常に大きなニュースや事件・事故があるとは限らない。何度放送しても見られるようなドラマ、できればアメリカの地上波ネットワークのような一話完結形式のドラマがもっとあっていい。

逆にいえば、毎日これほどたくさん、ニュースや情報バラエティを作り続けられるというのは、日本のＴＶ界のスタッフは優秀である。だからこそ、もっとじっくりと取り組むべきタイプの番組に、そうした才能やエネルギーを注いでもいいのではないだろうか。現在の日本のゴールデンタイムで放送されているような、どのチャンネルでも似通った番組より、もっと濃密で個性的な番組を作って放送すれば、日本の地上波の未来もけっして暗くないと筆者は考える。

日米のエンターテインメントに関する考え方のちがい

放送業界だけでなく、日本の芸能界にも発想の転換が必要だという気がする。

アメリカのように俳優などの芸能人が独自にエージェントを雇い（日本のように芸能事務所がタレントを雇うのと正反対だ）、エージェントが仕事を取ってくるシステムのほうが、やはり健全ではないかと思うのだ。前提として競争があって、それぞれの才能の切磋琢磨があってこそ、芸能人の実力は上がるものである。

多数の人気男性タレントが所属している、日本の某大手芸能事務所に関しては特に言いたい。せっかく魅力的な男性タレントが揃っているのに、この事務所は自社のタレントが写った画像や写真がインターネットで見られることを異常に警戒している。

しかも、自社のタレントが出演したTVドラマの動画配信にも神経質になっているようだ。本書がずっと示してきた通り、これからは世界的に動画配信サービスが重要になるというのに、完全に時代錯誤である。そもそも、若いユーザーの間で定着したSNSにも対応しようとしていないのではないか。

この事務所は極端だとしても、日本の芸能界全体が何かしら方針を転換すべきではないか。筆者は香港や台湾に旅行で行った際、現地の人たちの日本の一部の芸能人に対する憧れを感じる瞬間が何度もあった。きっとここにもビジネスチャンスはあると実感した。

一方、アメリカのエンターテインメントが大好物の筆者でも、実は最近のアメリカの娯楽やエンターテイナーには不満が少しある。

まず、よく言われるように、映像作品でVFXに頼り過ぎた作品が多い。もちろん、VFXはあくまで道具であり、使いこなせているクリエイターも大勢いる。とはいえ、VFXには観客を興ざめさせるリスクがあると、もっと大勢に意識してほしい。

もうひとつ挙げると、いつの間にスターがみんなタトゥーを入れるようになったのか。ある作品で当たり役を得た俳優がいるとする。その俳優が別の作品に出た時、そのタトゥーが目についたとしたら、筆者は集中してその作品を楽しむことができないだろう。某大女優のように「タトゥーはVFXで消せばいい」？　だったら最初からタトゥーを入れなければいいのではないか。「VFXで消せばいい」という発想に代表されるような、アメリカ流の合理主義にも限度があるように思える。

海外ドラマの可能性は無限

最後に、現在の海外ドラマの魅力について整理しておこう。

「作品のスケールが映画に匹敵するようになった」

「ジャンルが、やはり映画のように多彩になった」

「大人の感性に訴える、斬新で過激な表現が可能になった」

「一流の才能が結集するようになった」

「新作も旧作も多様化した手段で見られるようになった」

といったあたりであろうか。


海外ドラマ自体、けっしてハードルが高くないことが分かってもらえただろう。

休日、「テーマパークに行って遊んだ」「友人の家に仲間と集まった」「日帰り旅行に行って息抜きをした」というように、「今日は『×××』という海外ドラマを見て楽しかった」とSNSにでも書き込めば、同好の士はきっと現れるはずだ。あなたにとって本当に見るべき海外ドラマは、そうした人たちが教えてくれるかもしれない。そのためにはあなたも、SNSなどで気に入った海外ドラマのことを誰かに話しかけてみればいい。

そして、お気に入りのドラマのことをネットなどで調べ、さらに本書を読み返せば、「面白い」海外ドラマには「面白い」と思えるだけの理由が必ずあることに気づくにちがいない。そこまで行けば面白いドラマをさらに見つけられるようになる。

本書は、海外ドラマの歴史と現状を語ってきたが、TVが進化しても、ネット発になっても、常に作り手たちが挑戦を続けているからこそ、海外ドラマがどんどん面白くなっていることをご理解いただけたと思う。そう、これからも海外ドラマの可能性は無限に広がり続けるのである。

海外ドラマはまちがいなく、今が一番面白い。

そして、これからもっと面白くなる。

おわりに

海外ドラマに関するあれこれを書いたこの本だが、筆者も昔は日本のドラマも片っ端から見た時期がある、只のドラマ好きだ。しかし、TVドラマは常に何かしら世相を映すべきだとも考え、その点、現時点ではアメリカのドラマのほうが面白いと思っている。

本書は、海外ドラマをもっと楽しみたい、もしくは、これからもっと見てみたいという読者のため、筆者が知っておくべきと考えた海外ドラマ事情を記した本である。

ありがたくもこの新書を刊行するお話をいただいた時、筆者の胸に浮かんだのはまず、「究極の海外ドラマ入門」にすることだった。そういう本がそろそろあっていいと思い続けていたし、そして同時にこれまで20年、30年、同じような海外ドラマを楽しんできたであろう、筆者と同世代の海外ドラマ・ファンの皆さんにも楽しんでもらえる一冊になるよう、心がけたつもりである。

話はそれるが、ここ最近、「19××年の×××」という書籍が増えたが、海外ドラマの未来を信じる筆者は、ファンになってから毎年、「今年の海外ドラマは最高だ」と思ってきた。だから海外ドラマにとって、「あの年は重要だった」という年はないと思う。同じように思っている人がいたとしてこの本が愛されたとしたら、まさに感無量だ。

あらためて海外ドラマに関して筆者が思うことを述べるとこうだ。「過去に戻る必要はない」、しかし「過去を知っておいたほうがより味わい深く楽しめる」はずだ。

これまで色々な雑誌やネット媒体で海外ドラマに関する記事を書いてきたが、スペースの都合で掘り下げて書くことができなかったあれこれを本書でかなり吐き出したつもりだ。

誰が読んでも楽しめる本をめざしたが、あえて言わせていただくなら、TV局や動画配信サービス、DVDメーカー、宣伝会社などでこれから海外、特にアメリカの会社を相手にする人たちにとって役に立つ情報をたくさん書いたと思う。「使える」と思った各社のみなさんはぜひ本書を同僚のみなさんにも勧めていただきたい。

たくさんのみなさんに感謝したい。星海社で本書を企画・担当なさった林佑実了さん、林さんが刊行を思い立つきっかけになったというムック「映画秘宝ex　ドラマ秘宝vol.

1・2」を編集なさった洋泉社の奈良夏子さん、小笠原格さん、ニコニコ生放送などで見られる「WOWOWぷらすと」に筆者を呼んで刺激を与えてくださったみなさん、たくさんの海外ドラマを見るためのわがままに常日頃付き合ってくださっているWOWOWやCS放送の各海外ドラマ専門チャンネル、DVDメーカー、宣伝会社のみなさんにもありったけの感謝をささげたい。

もしもまた本を書けるとしたら、今度は2000~2010年あたりの、今もまだ楽しめる海外ドラマや、海外ドラマを作ってきた名スタッフたちのことを紹介したいなぁと思う。それと、ロサンジェルスのあちこちに行ったり、撮影所の見学ツアーに参加したりすると、アメリカの映画やドラマはもっと楽しめるというのもきちんとお伝えしたい。

本当は入り口は広く、でもやっぱり奥が深い。それが海外ドラマなのである。

海外ドラマ評論家　池田敏

参考文献

- 責任編集・阿部邦雄『外国ＴＶ映画大全集』芳賀書店、一九八〇
- 乾直明『外国テレビフィルム盛衰史』晶文社、一九九〇
- 簑葉信弘『ＢＢＣ　イギリス放送協会――パブリック・サービス放送の伝統』東信堂、二〇〇二
- 西田宗千佳『ネットフリックスの時代　配信とスマホがテレビを変える』講談社現代新書、二〇一五
- 山下慧・井上健一・松崎健夫『現代映画用語辞典』キネマ旬報社、二〇一四
- ＮＨＫサービスセンター『放送80年　それはラジオからはじまった』ＮＨＫサービスセンター、二〇〇五
- 『日経エンタテインメント！　海外ドラマエミー賞60周年Ｓｐｅｃｉａｌ』日経ＢＰ社、二〇〇六
- Tim Brooks & Earle F. Marsh "The Complete Directory to Prime Time Network and Cable TV Shows, 1946–Present（Ninth Edition）" Ballantine Books, 1992
- Howard Blumenthal & Oliver Goodenough "This Business of Television" Billboard Books, 2006
- Thomas O'Neil "The Emmys" Perigee Trade, 1998
- TV Guide Editors "TV Guide: Fifty Years of Television" Crown, 2002
- Stephen F. Hofer "TV Guide: The Official Collectors Guide" Bangzoom Publishers, 2006

年号	海外の動き	日本の動き
1940年代まで		
1897年（明治30年）	ドイツのフェルディナント・ブラウンがブラウン管を発明。	
1925年（大正14年）3月22日		ＮＨＫ（日本放送協会）がラジオ放送を開始。
1936年（昭和11年）11月2日	イギリスＢＢＣがＴＶ放送を開始。	
1939年（昭和14年）4月30日	アメリカでＮＢＣがＴＶの本放送を開始。	
9月1日	第二次世界大戦が開戦。	
1941年（昭和16年）7月1日	アメリカでＣＢＳがＴＶの本放送を開始。	
1945年（昭和20年）8月15日	太平洋戦争が終わる。	
1949年（昭和24年）1月25日	第1回エミー賞授賞式が開催。	
1950年代		
1953年（昭和28年）2月1日		ＮＨＫがＴＶ放送を開始。

	8月28日		日本テレビがTV放送を開始。
1954年（昭和29年）	1月23日	アメリカのNBCネットワーク系列のWNBC局（ニューヨーク）が世界で初めてカラーでTV放送を開始。	
1955年（昭和30年）	3月7日	エミー賞授賞式が第7回で初めて全米にTV中継された。	
	4月1日		KRT（現・TBS）がTV放送を開始。
	9月22日	イギリスで初の民放ITVネットワークが放送開始。	
1956年（昭和31年）	2月23日	ゴールデン・グローブ賞に第13回で初めてTVの部ができる。	
	4月28日		KRTが日本で初めての海外ドラマ、『カウボーイGメン』を放送開始。
1959年（昭和34年）	1月10日		NHK教育テレビがTV放送を開始。
	2月1日		日本教育テレビ（現・テレビ朝日）がTV放送を開始。
	3月1日		フジテレビがTV放送を開始。
	4月10日		皇太子と正田美智子氏が結婚し、そのご成婚パレードの中継を見ようとする日本人が続出。TVの普及を促すきっかけになった。

年号	海外の動き	日本の動き
1960年代		
1960年（昭和35年）**7月1日**		東芝が17型と21型のカラーTV受像機を発売開始。
9月10日		NHKの東京・大阪の両局、民放TV局4局がカラーTVの本放送を開始。
1963年（昭和38年）		日本上陸した海外ドラマの本数は49本で、最初のピークに到達。翌年も同じ本数の海外ドラマが日本上陸した。
11月23日（日本時間）		史上初の日米間TV衛星中継でジョン・F・ケネディ大統領の狙撃事件が伝えられる。
1964年（昭和39年）**4月12日**		東京12チャンネル（現・テレビ東京）が放送を開始。
10月7日	NBCが初のTVムービー『小さな逃亡者』を放送。	
10月10日		東京オリンピックが開催。日本におけるTVの普及率は79・1%にまで高まる。
1966年（昭和41年）**10月1日**		NET（現・テレビ朝日）が日本のTV史上初の海外映画放送枠『土曜洋画劇場』を開始。解説は淀川長治が担当。
1970年代		

1970年（昭和45年）	3月14日		大阪万博（日本万国博覧会）が開催。翌年からNHK総合放送の全番組がカラー化されるきっかけになった。
1972年（昭和47年）	2月3日		アジアでの開催が初となる冬季オリンピックが日本の北海道、札幌で開催。NHKのTV契約数が、初めてカラーがモノクロを上回る。
	2月28日		「あさま山荘事件」の生中継、NHKと民放を合わせた合計視聴率が89・7％に到達。
	11月8日	アメリカでHBOが開局。	
1973年（昭和48年）			第一次石油ショックが発生。日本のTV界も、NHKが夜11時以降と平日午後の放送を休止し、民放各局も深夜放送を減らし、日本における海外ドラマ人気にとって逆風になる。
1974年（昭和49年）	5月28日	第26回エミー賞でCBSが一つのチャンネルとして史上最多となる44部門で受賞。	
1977年（昭和52年）	1月23日〜30日	全米ABCネットワークが『ルーツ』を放送（日本のテレビ朝日系は10月2〜9日に放送）。	
1978年（昭和53年）	9月28日		日本テレビが世界で初めて音声多重放送の実用化試験放送を開始。一部の海外ドラマが二カ国語放送をされるように。
1979年（昭和54年）		イラン革命を機に、第二次石油ショックが発生。	

年号		海外の動き	日本の動き
1980年代			
1984年（昭和59年）	**9月23日**	『ヒルストリート・ブルース』が第36回エミー賞で、史上最多となる4回目のドラマ・シリーズ作品賞を受賞。	
1985年（昭和58年）	**10月1日**		アメリカCNNの情報番組『ショービスTODAY』がテレビ朝日（関東地区）で放送開始（後にCS放送のCNNでも放送）。
1986年（昭和61年）	**10月9日**	アメリカでFOXが開局。	
1987年（昭和62年）	**11月6日**		『V』のVHSビデオが日本でリリース。
1988年（昭和63年）	**3月7日**	全米脚本家組合によるストライキが始まり、8月7日まで続いた。	
1989年（平成元年）	**6月1日**		NHKが衛星放送（BSアナログ放送）の第1放送（現・NHK　BS1）と第2放送（現・NHK　BSプレミアム）を放送開始。
	9月1日		スーパー!ドラマTVが開局。
1990年代			
1991年（平成3年）	**3月31日**		『ツイン・ピークス』がJSB（現・WOWOW）で放送開始。

年	月日	海外	日本
	4月1日		JSBが本放送を開始。
	8月24日	第43回エミー賞で『LA LAW／七人の弁護士』が史上最多タイとなる4回目のドラマ・シリーズ作品賞を受賞。	
1995年（平成7年）頃		OS「ウィンドウズ95」発売をきっかけにインターネットが普及しだす。	
1996年（平成8年）	10月1日		パーフェクTV!（現・スカパー!）が放送を開始。
1998年（平成10年）	5月1日		パーフェクTV!、スカイパーフェクTV!に名称変更。
	6月1日		AXN／アクションTV（現・AXN 海外ドラマ）が開局。
	7月1日		FOX（日本）が開局。
	8月1日		ミステリ・チャンネル（現・AXNミステリー）が開局。
	9月13日	第50回エミー賞で『そりゃないぜ!? フレイジャー』が史上最多となる5回目のコメディ・シリーズ作品賞を受賞。	
2000年代			
2000年（平成12年）	12月1日		日本のBSデジタル放送が開始。

年号		海外の動き	日本の動き
2001年（平成13年）	9月11日	アメリカで同時多発テロ事件が発生。影響で9月16日の予定だった第53回エミー賞の開催が11月4日に延期される。	
2003年（平成15年）	9月21日	『ザ・ホワイトハウス』がエミー賞で史上最多タイとなる4回目のドラマ・シリーズ作品賞を受賞。	
	10月3日		『24 —TWENTY FOUR—』のDVDがレンタル開始。
	12月1日		日本においてNHK・民放による地上波デジタル放送が東京・大阪・名古屋という三大都市で開始。
2004年（平成16年）	4月1日		『24 —TWENTY FOUR—』のシーズン1、関東地区のフジテレビにおいて10夜連続放送開始。
	9月19日	第56回エミー賞でミニシリーズ『エンジェルス・イン・アメリカ』が初めてミニシリーズ・TVムービーを対象とした主演男女優賞・助演男女優賞を独占。	
2005年（平成17年）	9月19日		エミー賞授賞式（第57回）が史上初めて日本で生中継される（スカパー!）。
	10月2日		『LOST』をAXN（現・AXN 海外ドラマ）が放送開始。
2006年（平成18年）	5月11日		『プリズン・ブレイク』のDVDが日本でリリース。

年	月日	海外	日本
2007年（平成19年）	11月5日	全米脚本家組合によるストライキが始まり、翌年2月12日まで続いた。	

2010年代

年	月日	海外	日本
2011年（平成23年）	8月31日		Huluが日本でサービスを開始。
	9月18日	『マッドメン』が第63回エミー賞で史上最多タイとなる4回目のドラマ・シリーズ作品賞を受賞。	
	10月1日		WOWOWが3チャンネル体制になり、海外ドラマは主に「WOWOWプライム」で放送。
2012年（平成24年）	3月12日		Dlifeが放送開始。
2013年（平成25年）	9月22日	ネットフリックスの『ハウス・オブ・カード　野望の階段』がネットで初公開されたドラマ・シリーズとしてエミー賞を初受賞。	
2014年（平成26年）			Huluが日本テレビに買収される。
2015年（平成27年）	1月11日	第72回ゴールデン・グローブ賞TVの部で『トランスペアレント』がネット配信ドラマとしてはミュージカル／コメディ作品賞を初受賞。	
	9月1日		ネットフリックスが日本でサービスを開始。
2016年（平成28年）	6月3日		ネットフリックスが、又吉直樹が第153回芥川賞に輝いた小説『火花』をドラマ化して世界に配信。

「今」こそ見るべき海外ドラマ

二〇一六年 八 月二五日 第 一 刷発行

著者 池田敏

発行者 藤崎隆・太田克史

編集担当 林佑実子

発行所 株式会社星海社
〒一一二-〇〇一三
東京都文京区音羽一-一七-一四 音羽YKビル四階
電 話 〇三-六九〇二-一七三〇
FAX 〇三-六九〇二-一七三一
http://www.seikaisha.co.jp/

発売元 株式会社講談社
〒一一二-八〇〇一
東京都文京区音羽二-一二-二一
(販 売) 〇三-五三九五-五八一七
(業 務) 〇三-五三九五-三六一五

印刷所 凸版印刷株式会社

製本所 株式会社国宝社

アートディレクター 吉岡秀典(セプテンバーカウボーイ)
デザイナー 榎本美香
フォントディレクター 紺野慎一
イラスト ウラケン
本文図版 雷門風太in竹工房
校閲 鷗来堂

ISBN978-4-06-138594-8
Printed in Japan

89

星海社新書ラインナップ

47 アニメを仕事に！ トリガー流アニメ制作進行読本　舛本和也

キツイ！ しんどい！ けど、最高に面白い！

本書では、「アニメがどのようにして作られているか」を、制作進行という役職の視点からお伝えします。発信元は、『キルラキル』を創ったTRIGGER。事例に不足はありません。

62 声優魂　大塚明夫

悪いことは言わない。声優だけはやめておけ。

確かな演技力と個性ある声で、性別と世代を超えて愛され続ける唯一無二の存在、大塚明夫。本書は、そんな生きる伝説が語る、生存戦略指南書である。「一番大事なのは、生き残ること」

80 下水道映画を探検する　忠田友幸

下水道から映画を観る！ 前代未聞の映画ガイド！

知られざる映画の名脇役、それは"下水道"!?　ネズミにモンスター、逃走路に脱獄まで、８つの分類で映画の中の下水道を徹底解説！　さあ、本書を道しるべに、探検を始めよう！

次世代による次世代のための

武器としての教養
星海社新書

星海社新書は、困難な時代にあっても前向きに自分の人生を切り開いていこうとする次世代の人間に向けて、ここに創刊いたします。本の力を思いきり信じて、みなさんと一緒に新しい時代の新しい価値観を創っていきたい。若い力で、世界を変えていきたいのです。

本には、その力があります。読者であるあなたが、そこから何かを読み取り、それを自らの血肉にすることができれば、一冊の本の存在によって、あなたの人生は一瞬にして変わってしまうでしょう。思考が変われば行動が変わり、行動が変われば生き方が変わります。著者をはじめ、本作りに関わる多くの人の想いがそのまま形となった、文化的遺伝子としての本には、大げさではなく、それだけの力が宿っていると思うのです。

沈下していく地盤の上で、他のみんなと一緒に身動きが取れないまま、大きな穴へと落ちていくのか？　それとも、重力に逆らって立ち上がり、前を向いて最前線で戦っていくことを選ぶのか？

星海社新書の目的は、戦うことを選んだ次世代の仲間たちに「武器としての教養」をくばることです。知的好奇心を満たすだけでなく、自らの力で未来を切り開いていくための〝武器〟としても使える知のかたちを、シリーズとしてまとめていきたいと思います。

2011年9月

星海社新書初代編集長　柿内芳文